P9-EDN-071

Valle-Inclán
Páginas Selectas

Valle-Inclán
Páginas Selectas

Edited by

JOSEPH MICHEL

*University of Texas
at Austin*

PRENTICE-HALL, INC., ENGLEWOOD CLIFFS, NEW JERSEY

VALLE-INCLÁN
PÁGINAS SELECTAS
edited by
Joseph Michel

© 1969 by Prentice-Hall, Inc.
Englewood Cliffs, New Jersey

Current printing (last digit):
10 9 8 7 6 5 4 3 2 1

13-939868-6

Library of Congress Catalog Card No.:
70-83135

Printed in
the United States of America

Prentice-Hall International, Inc.
London
Prentice-Hall of Australia, Pty. Ltd.
Sydney
Prentice-Hall of Canada, Ltd.
Toronto
Prentice-Hall of India Private Ltd.
New Delhi
Prentice-Hall of Japan, Inc.
Tokyo

Preface

Now more than ever the literary figure of Ramón del Valle-Inclán looms imposingly on the horizon of Spanish letters. The recent and numerous centennial celebrations (1866–1966) both in Spain and abroad, the voluminous criticism of his work, and the endless new editions that appear in Spain and Latin America testify eloquently that there is a growing awareness of his contribution to Spanish literature.

His deserved popularity makes the publication of this small anthology, directed and dedicated to the American student, most opportune. It is meant to introduce him to the work of Valle-Inclán. Since don Ramón wrote successfully in practically every *genre*, one of the criteria for inclusion of a work was how well it represented his versatility and mastery of form. Regrettably, certain copyright limitations did not allow complete liberty in the selection of material to be included.

The explanatory footnotes are in Spanish *or* English, depending upon which language more effectively elucidates the meaning. Each selection is preceded by a short introduction that purports to orient the student to the work.

The texts are taken from the *Colección Austral* editions published by Espasa-Calpe, S.A., to which company I acknowledge indebtedness.

To Carlos del Valle-Inclán, son of don Ramón, goes my deep appreciation for permission to use the material in this book and for the gracious hospitality he extended to me in Pontevedra. Not only did he make me welcome in his house, he also served as an enthusiastic and knowledgeable guide to all the storied and scenic spots described by his father.

A special acknowledgment of gratitude is due Professor Ramón Sender who gave me the benefit of his considerable knowledge of Valle-Inclán and who was responsible for my original interest in this author. My thanks also to Dr. Edmundo García-Girón for his interest and unfailing patience, to my colleague Professor Ricardo Gullón for his generosity with time and comments, to Professor Miguel Enguídanos for his invaluable help, and to The University of Texas Research Institute, which provided the stimulus for this anthology.

JOSEPH MICHEL

Austin

Acknowledgments

The text used in this book is based on the following editions of the works of Valle-Inclán by Espasa-Calpe, S.A., and reproduced by permission of Carlos del Valle-Inclán.

Name	*Edition*	*Year*
Sonata de estío	Quinta	1963
Corte de amor	Cuarta	1960
Jardín umbrío	Segunda	1960
El Marqués de Bradomín	Tercera	1961
Tablado de marionetas	Primera	1961
Luces de Bohemia	Primera	1961
La lámpara maravillosa	Segunda	1960
Claves líricas	Segunda	1964
El resplandor de la hoguera	Tercera	1961
Baza de espadas	Primera	1961
Tirano Banderas	Sexta	1965

Contents

Introducción

BIOGRAFÍA

Uno de los autores más conocidos, respetados y admirados de la generación del '98 es don Ramón María del Valle-Inclán. Al mismo tiempo es uno de los más discutidos y desfigurados por la biografía, la crítica e incluso por la leyenda.

Nació en Villanueva de Arosa, Galicia, el 30 de octubre de 1866 y fue bautizado con el nombre de Ramón José Simón. En el transcurso de su vida usó los nombres de "Don Ramón del Valle-Inclán y Peña", "Don Ramón del Valle Peña Montenegro Inclán" y por fin adoptó el nombre de "Don Ramón del Valle-Inclán". El lema del palacio de los Valle es de interés para el lector:

> El que más vale
> no vale tanto
> como vale Valle

Este lema es significativo porque revela el orgullo de los antepasados de don Ramón y porque indica la razón de su predilección por el nombre de "Valle".

Do los años tempranos del autor, Fernández Almagro nos dice:

> Valle-Inclán—niño espigado, pendenciero y vivacísimo—aprendió a leer en la "miga"[1] de su pueblo natal; estudió latín con un dómine de la inmediata Puebla del Deán, el presbítero don Cándido Pérez Noal, llamado familiarmente "Bichugiño"; cursó el bachillerato en Pontevedra y en Santiago entre 1877 y 1885, sin pena ni gloria.[2]

Cuando terminó el bachillerato en abril de 1885 tenía 19 años de edad. En 1887 comenzó sus estudios universitarios en Santiago. No terminó la carrera de Derecho; en 1889 se hartó del estudio formal y abandonó la universidad compostelana sin haber pasado el derecho canónico. Tenía entonces 23 años de edad y había escrito su primer cuento, "A media noche".

Más influyentes en su formación temprana que sus estudios formales fueron seguramente otros factores. El primero fue el ambiente gallego, tanto en su ciudad natal como en Santiago, donde se dedicó a ver, a conocer y a vivir. El segundo, ligado al anterior, fue el amor al pasado que le despertaron los numerosos cuentos de hadas y de brujas y los relatos de apariciones celestiales y diabólicas, escuchados al amor del fuego según los propagaba la superstición campesina. El tercero, su afición a la lectura, despertó su imaginación y lo empujó a la aventura en lejanas tierras y a la búsqueda de nuevas y exóticas experiencias fuera de su patria.

En Valle-Inclán hay una doble personalidad, la recogida en cuentos y anécdotas: la de los cafés, la de los lances, trances, y percances callejeros; y la del don Ramón, el artista, el creador serio de lo bello, el genio que observa, selecciona y escribe con enorme voluntad de

---

[1] **en la "miga"**: en el corazón.
[2] M. Fernández Almagro, "Ramón del Valle-Inclán: vida y obra", *Revista Hispánica Moderna* (New York), II, Núm. 4 (1936), 295.

estilo. El don Ramón que interesa al investigador literario es el verdadero, el artista. El otro don Ramón interesa sobre todo a la chismografía.

La fecha 1892 es importante en la vida de Valle-Inclán. Partió de su tierra natal rumbo a México y el 8 de abril desembarcó en Veracruz. Continuó su viaje hacia la Ciudad de México y allí vivió hasta 1893. Se dedicó a conocer la tierra de los aztecas, y a escribir artículos para *El Universal*, periódico mexicano.

Esta experiencia significó mucho para Valle-Inclán. Él mismo en una entrevista en 1921, cuando regresó a México por segunda vez, dijo:

Hace 25 años que estuve por primera vez en México.[3] Y usted no sabe cuán grato a mi espíritu es regresar de nuevo a este país, en donde encontré mi propia libertad de vocación. Debo, pues, a México, indirectamente, mi carrera literaria. ¿Por qué? Voy a decirlo en seguida: Mis padres allá en España querían que yo me recibiese de abogado, es decir, que yo terminase esa carrera espantosa a la cual no tenía ninguna inclinación, a pesar de que ya sólo me faltaba el último examen. Pues bien, para no terminarla, me trasladé a México con el dinero que me dieron para recibirme, y aquí empecé a seguir mi propio camino, es decir, el literario, no sin antes haber pasado por algunas vacilaciones, ya que solicitaba también muy poderosamente a mi espíritu la carrera de las armas . . . [4]

Alfonso Reyes también interpreta lo valioso que el conocimiento del Nuevo Mundo fue para Valle-Inclán como autor:

Pero sobre todo, América ha sido para Valle-Inclán algo como un empuje oportuno de la vida, un deslumbramiento eficaz, que le abrió los ojos al arte . . . De aquí, de este primer viaje, procede el milagro de Valle-Inclán. El hombre que México le devolvió a España, contenía ya todos los gérmenes del poeta.[5]

---

[3]Valle-Inclán habla aquí en números redondos; regresó a México después de 29 años.

[4]William L. Fichter, *Publicaciones periodísticas de don Ramón del Valle-Inclán anteriores a* 1895 (México: El Colegio de México, 1952), 11–12.

[5]Alfonso Reyes, *Simpatías y diferencias*, 2ª ed., 2ª serie (México: Porrúa, 1945), II, 65.

De regreso a España vivió algún tiempo en Pontevedra, y luego se trasladó a Madrid. Sus dos primeros libros, *Femeninas* (1894) y *Epitalamio* (1897), corresponden a esta época.

En Madrid se dedicó a escribir y llevar vida de bohemio. Frecuentaba los cafés: el "Regina", la "Granja del Henar", "Lion d'Or", "Nuevo Café de Levante" y el "Madrid". Conoció a Rubén Darío, Ramiro de Maeztu, Pío Baroja, Juan Ramón Jiménez, Jacinto Benavente y Ramón Gómez de la Serna (que posteriormente sería su biógrafo). También se hizo amigo de pintores, pues todo lo que era arte le interesaba. Charlaba y cambiaba impresiones con los pintores Anselmo Miguel Nieto, Darío de Regoyas, Romero de Torres, Joaquín Sorolla, Hermenegildo Anglada y Anselmo Miguel Nieto (quien hizo más tarde su retrato).

En 1899, a consecuencia de una discusión con el autor Manuel Bueno, quien le golpeó con un bastón, produciéndole lesiones que se infectaron, perdió el brazo y adoptó la actitud de resignación y misterio que después traspasó al Marqués de Bradomín. Ese mismo año su drama *El yermo de las almas* se representó en función a beneficio suyo en el teatro Larra.

Los años de 1902 a 1910 son quizá de los más productivos y ocupados del nuevo ilustre manco. En 1902 escribió *Sonata de otoño;* en 1903, *Sonata de estío, Corte de amor* y *Jardín umbrío,* y publicó en la revista *Alma española* una autobiografía muy curiosa. En 1904 aparecieron *Sonata de primavera* y *Flor de santidad,* y en 1905 *Sonata de invierno.* En 1906 transformó *Sonata de otoño* en un drama que tituló *El marqués de Bradomín. Historias perversas, Águila de blasón* y *Aromas de leyenda* se publicaron en 1907. Al año siguiente escribió *Una tertulia de antaño, Corte de amor, Romance de lobos* y *Los cruzados de la causa,* y finalmente en 1909 *El resplandor de la hoguera, La cabeza del dragón* y *Gerifaltes de antaño.*

A pesar de esta febril actividad literaria, Valle-Inclán continuaba haciendo vida nocturna en los cafés y frecuentaba los teatros. En 1907 conoció a la actriz Josefina Blanco y se casó con ella el 24 de agosto en la iglesia de San Sebastián de Madrid. Ella tenía 28 años de edad y él más de 40. A todos sus hijos les puso "Baltasar" (como segundo o tercer nombre) para librarlos de alferecía.[6] El segundo de sus hijos murió ahogado en 1914.

---

[6]**alferecía:** *epilepsy* (Baltasar es el santo que protege contra la alferecía).

En 1910 acompañó a su esposa en una gira por la Argentina con la compañía de María Guerrero y Fernando Díaz de Mendoza.[7] En Buenos Aires fue invitado a dictar conferencias sobre literatura y arte. En todas partes fue recibido como escritor ya consagrado. La gira duró de mayo a noviembre de ese mismo año, y después la compañía regresó a Madrid. En 1913 Valle-Inclán se trasladó a Galicia ya allí seguía cuando estalló la primera guerra mundial, un año más tarde.

En 1915 viajó a Francia y visitó las trincheras. Obtuvo de esta manera impresiones e ideas que incorporó a *La media noche*, obra fragmentaria que sintetiza demasiado y sólo consigue dar una impresión borrosa y disforme de la guerra.

En el año 1916 ocurrieron dos hechos importantes para él: su nombramiento como profesor de Estética de la escuela de Bellas Artes y la muerte de Rubén Darío. La vida profesoral le resultó demasiado exigente y don Ramón presentó pronto su renuncia, escribiendo entonces *La lámpara maravillosa*, personalísima exposición de sus ideas sobre el arte, la emoción estética, la filosofía de la creación literaria y todo aquello que puede interesar a un poeta y, más genéricamente, a un artista en el proceso creativo.

Acabada la guerra siguió escribiendo y en 1919 dio a luz *La pipa de kif*,[8] donde se traslucen ciertas tendencias ultraístas,[9] seguido de *El pasajero* y *La enamorada del rey*, que se publicaron al año siguiente.

En 1921 se le invitó regresar a México para asistir a las fiestas de la Independencia y fue recibido con entusiasmo y agasajado en los mejores círculos. Charló con su anfitrión, el presidente Álvaro Obregón,[10] con quien inició entonces una amistad duradera.

En 1922 publicó *Cara de plata;* en 1924 aparecieron *Luces de Bohemia, La rosa de papel* y *La cabeza del Bautista*. En 1925 se volvió a instalar en Madrid, viajando alguna vez a Cataluña y a Burgos.

---

[7]**la compañía de . . . Mendoza:** compañía de la actriz española María Guerrero (1868–1928), célebre en España y América.

[8]**kif:** preparación de cáñamo (*hemp*) que se fuma en Oriente.

[9]**ultraístas:** que siguen el movimiento literario, nacido en 1919, creado por poetas españoles e hispanoamericanos, que proponía una renovación total del espíritu y de la técnica poética.

[10]**Alvaro Obregón** (1880–1928): general y político mexicano, Presidente de la República desde 1920 hasta 1924. Murió asesinado después de ser reelegido en 1928.

Ligazón y *Tirano Banderas* se publicaron en 1926. Al año siguiente escribió *La corte de los milagros* y *Retablo de la avaricia, la lujuria y la muerte.*

En esta etapa Valle-Inclán era ya escritor plenamente reconocido. Después de la proclamación de la República en 1932 fue nombrado "Conservador general del patrimonio artístico nacional". Este título altisonante traía consigo una amplia remuneración, pero inquieto como de costumbre, don Ramón renunció después de un incidente en el que apareció implicada su dignidad.

Al año siguiente fue designado director de la Academia Española de Bellas Artes en Roma. Antes de trasladarse a la Ciudad Eterna, donde llevó una vida desordenada aunque señorial y de gran empaque,[11] se enamoró de una hermosa joven y solamente las diligencias diplomáticas evitaron un incidente incómodo, aunque el romance en todas partes se conoció y se comentó. Vivió la vejez del anciano e incurable rómantico, el marqués de Bradomín.

Al mismo tiempo se entregó a su pasatiempo favorito de paseante en corte: recorriendo calles, visitando iglesias, parques y cementerios, y empapándose del ambiente milenario de Roma.

Pero los años y la enfermedad ya pesaban sobre don Ramón. Cansado, enfermo y desilusionado, veía acercarse la muerte. Vuelve a Madrid y de allí a Galicia donde la enfermedad lo vence y muere de cáncer el 5 de enero de 1936.

En esta sucinta biografía se han anotado solamente los hechos más importantes de la vida literaria de Valle-Inclán. También debe hacerse hincapié en su persona, su apariencia, su carácter y su manera de pensar, encuadrándolo todo en el marco histórico de la época en que vivió.

VALLE-INCLÁN COMO ESCRITOR

En cuanto a su obra literaria, no dejó género sin ensayar. Azorín lo dice:

Valle-Inclán lo ha acometido todo: novela, cuento, poesía, teatro, ensayo. Dentro del campo de la novela, la variedad es significativa;

---

[11]**empaque**: seriedad, distinción.

tiene Valle-Inclán novelas de costumbres, novelas históricas, novelas que pudiéramos llamar de escarnio y que el autor denomina esperpentos.[12]

Azorín, sin embargo, no menciona los artículos periodísticos con los cuales Valle-Inclán se inició en la literatura. William Fichter, que estudió sus publicaciones periodísticas anteriores a 1895, halló que escribió para las siguientes publicaciones: *La Ilustración Ibérica* (Barcelona), *El Globo* (Madrid), *El Universal* (México), *El Correo Español* (México) y *Blanco y Negro* (Madrid). Desde 1889 a 1894, publicó en estos periódicos o revistas ensayos de crítica literaria y cuadros de costumbres. Su estilo no era entonces perfecto y sus ideas no habían madurado aún, pero el joven escritor probaba fortuna, y comenzaba a dar a conocer su nombre.

Posteriormente dirá a Manuel Bueno (el responsable de su manquedad) que "la prensa avillana el estilo y empequeñece todo ideal estético".[13] Sin embargo, no dejó de escribir para la prensa, puesto que algunas de sus obras fueron publicadas primero en revistas, siendo luego refundidas e incorporadas en algunos de sus libros.

Esto no significa que Valle-Inclán prostituyese su pluma. Fue siempre el artista cuidadoso, el esteta cuya preocupación es la belleza y sólo la belleza. Uno de sus biógrafos, Francisco Madrid, refiere su actitud ante los problemas del estilo:

Escribo como hablo, sin preocuparme del estilo. A veces me digo y comprendo "esto no es muy castellano" . . . O "esto no es muy correcto", pero lo pongo en gracia a la fuerza de expresión que tenga. El idioma lo hace el pueblo, y yo escribo como habla el pueblo. ¿Y por qué no se me va a permitir a mí lo que se tolera al que vende periódicos, por ejemplo? Siempre siento la necesidad de modificar lo que escribo pero no modifico nada.

Escribo en forma escénica, dialogada, casi siempre. . . . Pero no me preocupa que las obras puedan luego ser o no representadas. Escribo de esa manera porque me gusta mucho, porque me parece que es la forma

---

[12]Azorín (seudónimo de José Martínez Ruiz, 1873–1967), Prólogo a *Obras completas de Don Ramón del Valle-Inclán*, 3ª ed. (Madrid: Plenitud, 1954), I, xiv.

[13]Ramón Gómez de la Serna, *Retratos contemporáneos* (Buenos Aires: Sudamericana, 1944), p. 276.

literaria mejor, más serena y más "impasible" de conducir la acción. Amo la impasibilidad en el arte.[14]

Un poco más adelante Francisco Madrid cita las palabras del mismo don Ramón relativas a su modo de trabajar:

> Escribo sin corregir ni tachar nada. En la cama y con lápiz. Las cuartillas las numero de antemano para evitarme esa molestia mientras relato. Cuando corrijo es que he pasado unas semanas sin trabajar. Si releo estoy perdido porque soy el más terrible crítico de mí mismo. Entonces soy capaz de romper lo que llevo escrito, aunque sea casi todo un libro, porque no me gusta la musicalidad de mi prosa.[15]

A pesar de la negativa Valle-Inclán siempre logró la musicalidad de la prosa y de la poesía. Se hace artífice de palabras, las busca y las escoge por su valor musical y por su sabor de antigüedad lo mismo que por su sentido lógico. El resultado es una obra armónica, rica y vibrante. Una vez que su "ajuar poético" (así lo llama Ortega y Gasset) queda formado, Valle-Inclán es el artista que tiene sus pinceles y colores siempre a mano para trazar con rasgos firmes y seguros las impresiones de la poderosa realidad poética que observa. Pero su musicalidad estilística no sólo se refiere a la selección de las palabras sino también al ritmo de los períodos. Dice Fichter:

> Otra característica digna de notar en *A media noche* es las parejas de adjetivos, cadenciosas si no siempre muy originales, como: "añosos y copudos álamos", "acerados, siniestros resplandores", "azulada, sulfúrica vislumbre", "sonrisa socarrona y pícara", etc. En cambio, el diálogo es todavía bastante natural, no tan vivaz ni estilizado como lo hará más tarde.[16]

Otra cualidad—ya no estilística sino de esencia—que aparece en su obra es la inclinación a la melancolía, a la *saudade*,[17] de la que estaba impregnado como buen gallego.

---

[14]Francisco Madrid, *La vida altiva de Valle-Inclán* (Buenos Aires: Poseidón, 1943), p. 198.

[15]Madrid, *La vida altiva de Valle-Inclán*, p. 109.

[16]Fichter, *Publicaciones periodísticas de Valle-Inclán*, pp. 13-14.

[17]**saudade**: nostalgia.

El romanticismo y el modernismo cultivaban la plañidera[18] melancolía. En el primero el dolor y la tristeza son violentos y vitales. En el segundo cobran matices más decorativos. La melancolía de Valle-Inclán, su morriña,[19] es más bien de tipo modernista como lo fue su concepto de la belleza hasta que, harto de una belleza demasiado formalista, buscó en los esperpentos el contraste y el choque de elementos estructurales.

El romanticismo en España aprovechó la Edad Media cristiana y europea, y también lo arcaico pagano y oriental, como ambiente para la acción narrada. Valle-Inclán, al contrario, usa lo vetusto español—gallego en particular—con abundancia de lo aristocrático decadente, de lo litúrgico ceremonioso y de lo campesino supersticioso, todo lo cual emplea no por su valor político, social o ideológico sino por su valor y significado estético.

La predilección por el adjetivo constituye otra característica del estilo valleinclanesco. El primero en señalarlo es Azorín:

Hay escritores en quienes predomina el substantivo y los hay en los que el adjetivo tiene gran importancia. En el lenguaje de Valle-Inclán es el adjetivo el que pone, en definitiva, la nota personal del escritor en la obra.[20]

Fichter hace notar el uso frecuente de dípticos y trípticos adjetivales, el empleo progresivo de uno o más adjetivos con una comparación de remate y la extensión de una comparación para servir de complemento musical a la triple adjetivación. Casi no existe sustantivo sin su adjetivo, muchas veces usado más bien por su valor musical que por su valor ideológico.

Su inclinación por el adjetivo da color a su estilo y es un rasgo que también corresponde al modernismo. Dice Francisco Madrid:

La manera literaria . . . habrá de ser ante todo una manera emotiva. Para ello se apoya principalmente en la imagen, en el adjetivo y en el ritmo. El adjetivo y la imagen habían de servir tanto para precisar

---

[18]**plañidero**: lloroso.
[19]**morriña**: tristeza, nostalgia.
[20]Azorín, Prólogo a *Obras completas de Valle-Inclán*, p. xv.

la condición real de las cosas como para alejarla, dándole vaguedad y encanto poético.[21]

Tal es el caso en la obra de Valle-Inclán.

El uso abundante del color es otra característica de su obra. Sender considera este uso del color tan importante y tan característico que en su ensayo sobre Valle-Inclán lo trata y analiza minuciosamente en las siguientes palabras:

Además la música de las palabras de Valle-Inclán se transformaba también en color y luz. La verdad es que hay vocales luminosas y vocales opacas. El escritor, y sobre todo el poeta, las elige por su luminosidad de un modo inconsciente. Era el caso de Valle-Inclán. La vocal más luminosa es la *a*. Si es la más luminosa será también una vocal blanca ya que es ese color el que refracta más cantidad de luz, mientras que el negro, el rojo, el verde oscuro la absorben. (Incidentalmente en ninguna de estas palabras hay *aes* y en cambio las hay en los nombres de algunos colores que devuelven la luz: *amarillo, azul, malva, rosa*.)

El sonido era en Valle-Inclán subsidiario del color. La relación, pues, del color con el sonido en las palabras puede ser un elemento importante en el estilo y en Valle-Inclán tiene una evidencia mayor. En ella, y según decía el mismo don Ramón, predomina la luz y el color.[22]

El empleo del feísmo—es decir de lo inarmónico deliberado—es otra de sus cualidades. El poeta llegó a formar un ideal de la belleza depurada hasta la perfección, pero no tardó en fatigarse viendo que se había extraviado de los derroteros de la realidad y estaba en los linderos de un idealismo artificial. Entonces recapacitó y para renovar la apreciación de lo bello, tanto en el lector como en sí mismo, introdujo lo feo que mezcló con lo bello. Así se acercó al ultraísmo y concibió el esperpento, que es su gran creación.

La influencia gallega en el estilo de Valle-Inclán ha sido magistralmente estudiada por Fernández del Riego. Aquí basta decir que don Ramón usó libremente de lo gallego—personas, lugares, nombres,

---

[21]Madrid, *La vida altiva de Valle-Inclán*, p. 187.

[22]Ramón J. Sender, *Unamuno, Valle-Inclán, Baroja y Santayana—Ensayos críticos* (México: Studium, 1955), p. 54 y siga.

ambiente, sicología e idiosincrasias regionales—y con la piedra de toque de su genio transformó lo regional en universal, lo particular en general y el modelo inerte en un original vivo y transcendente.

Esos son algunos de los rasgos generales del estilo valleinclanesco. Para terminar esta reseña de la vida y obra de Valle-Inclán se debe tratar, en breves palabras, de su aspecto físico y moral, según lo vieron sus compañeros y amigos. Rubén Darío plasma su imagen en un soneto:

> Este don Ramón de las barbas de chivo,
> cuya sonrisa es la flor de su figura,
> parece un viejo dios, altanero y esquivo,
> que se animase en la frialdad de su escultura.[23]

Su biógrafo, Gómez de la Serna, describe a don Ramón, todavía en su juventud cuando de México retorna a Madrid:

> Traía don Ramón sombrero de copa alta, puntiaguda barba negra, larga melena que daba una vuelta hacia dentro sobre el cuello de terciopelo de su macferlán[24] y usaba quevedos[25] atados con una larga cinta negra.[26]

La tercera alusión a su aspecto físico es de Francisco Villaespesa:

> Valle-Inclán, manco, cual Cervantes,
> rostro barbudo y tez de cera
> como un asceta de Ribera,[27]
> brinda con frases ceceantes[28]
> las paradojas más extrañas
> a un grupo imberbe de pintores
> que le oyen religiosamente,
> o les relata las hazañas

---

[23]Rubén Darío, "Soneto", *Obras poéticas completas* (Madrid: Aguilar, 1932), p. 1013.

[24]**macferlán**: gabán sin mangas y con esclavina.

[25]**quevedos**: anteojos que se sujetan en la nariz.

[26]Gómez de la Serna, *Retratos contemporáneos*, p. 275.

[27]**Ribera**: José de Ribera (1588-1652), pintor español.

[28]**ceceante**: que cecea, que pronuncia la "s" como "c".

y sus románticos amores
vivido en Tierra Caliente.[29]

Hay que imaginar a ese don Ramón, pontificando entre sus fieles discípulos y admiradores. Estos mismos pintores de que nos habla Villaespesa después lo retrataron con acierto, y algunos, como el dibujante Bagaría, con sus toques de ironía y sarcasmo. Tal es ese ilustre manco—triste, melancólico y sereno—que se vislumbra en las páginas de su obra literaria.

EL ESPERPENTO

Al estudiar a Valle-Inclán es de rigor estudiar el esperpento, que es su creación característica como la dolora es propia de Campoamor, la rima de Bécquer, la nivola de Unamuno y la greguería de Gómez de la Serna. La verdadera importancia del esperpento estriba en que es síntesis y esencia de la originalidad valleinclanesca. En el esperpento, como en muchos de los ismos vanguardistas, hay un elemento de lo grotesco que Gómez de la Serna llamó "humorismo espantoso".

La definición del esperpento la formuló Valle-Inclán por vez primera en *Luces de Bohemia:*

Los héroes clásicos reflejados en los espejos cóncavos dan el esperpento. El sentido trágico de la vida española sólo puede darse con una estética sistemáticamente deformada . . . España es una deformación grotesca de la civilización europea . . . Las imágenes más bellas en un espejo cóncavo, son absurdas . . . La deformación deja de serlo cuando está sujeta a una matemática perfecta. Mi estética actual es transformar con matemática de espejo cóncavo, las normas clásicas.[30]

Y Azorín al tratar el esperpento dice:

Valle-Inclán ha inventado el esperpento. ¿Y qué es el esperpento? Una novela dialogada; pero Fernando Rojas ha escrito una novela

---

[29]Francisco Villaespesa, "Valle-Inclán manco . . . " citado por Ramón Gómez de la Serna en *Don Ramón Mariá del Valle-Inclán* (Buenos Aires: Espasa Calpe, 1944), pp. 85–86.

[30]Madrid, *La vida altiva de Valle-Inclán*, p. 222.

dialogada, y no es esperpento. Y la ha escrito también Lope de Vega, y no es esperpento. Y la ha escrito Eugenio Sellés, y no es tampoco esperpento. Y la ha escrito asimismo Galdós, y tampoco es esperpento. ¿Qué se necesitará para que una novela dialogada sea esperpento? Ante todo, un aire de sarcasmo, de profundo sarcasmo. Y después un tantico de caricatura.[31]

Para Pedro Salinas el esperpento es esencialmente una deformación y de esta premisa deduce otros aspectos importantes como la dosis de crítica y de ironía que se destila de la deformación.[32]

El esperpento es, en efecto, una deformación grotesca que estiliza como la caricatura, y que contiene latentes elementos de crítica y de ironía recogidos de la tragicomedia humana.

Hay dos clases de esperpento que, para mayor claridad, denominaremos esperpento épico y esperpento en miniatura. El *esperpento épico* es una obra, novela, poesía o drama cuya estructura *total* es una grotesca desfiguración que expone los elementos feos y ridículos en el hombre. En este sentido Valle-Inclán llamó esperpentos a *Las galas del difunto, Los cuernos de don Friolera* y *La hija del capitán.* También en este sentido la novela *Tirano Banderas* y algunas poesías de *La pipa de kif* son esperpentos. *Los cuernos de don Friolera*, por ejemplo, relata el absurdo caso del teniente Astete cuya mujer le ha sido infiel con un barbero paticojo. La gente habla y el teniente se convierte en juguete de los chismes del vecindario. Irónicamente, el ejército exige una satisfacción con más insistencia que su propia honra. Haciendo de tripas corazón,[33] el teniente toma su pistolón y sale a castigar a los culpables, pero, por error, da muerte a su inocente hijita y así finaliza la grotesca tragedia. La obra es totalmente esperpéntica en su concepción, en su estructura y en el espíritu que la anima. Es un esperpento épico puesto que contiene los elementos indicados.

El *esperpento en miniatura* es una descripción que deforma sistemáticamente a una persona o a un paisaje y que posee los mismos elementos de ironía, crítica y feísmo que el esperpento épico. Pero

---

[31]Azorín, Prólogo a *Obras completas de Valle-Inclán*, p. xxii.

[32]Para un estudio valorativo del esperpento véase Pedro Salinas, "Significación del esperpento o Valle-Inclán, hijo pródigo del 98", en *Literatura española del siglo XX* (México: Antigua Librería Robredo, 1949), pp. 86–114.

[33]**hacer de tripas corazón**: poner buena cara a una cosa desagradable.

llamar género al esperpento, como hace Salinas, es inexacto. Es decir, el soneto esperpéntico sigue siendo soneto. Lo que cambia es la técnica del autor y los recursos poéticos y estilísticos. A continuación se citan algunos ejemplos de esperpentos en miniatura. El primero de ellos es la descripción del periodista en *Tirano Banderas:*

> El Vate Larrañaga era un joven flaco, lampiño,[34] macilento,[35] guedeja[36] romántica, chalina[37] flotante, anillos en las manos enlutadas. Una expresión dulce y novicia, de alma apasionada.[38]

De *La hija del capitán* procede este otro ejemplo:

> En el andén, una tarasca[39] pechona[40] y fondona[41] leía su discurso frente al vagón regio. Una DOÑA SIMPLICIA, Delegada del Club Fémina, Presidenta de las Señoras de San Vicente y de las Damas de la Cruz Roja, Hermana Mayor de las Beatas Catequistas de Orbaneja. La tarasca infla la pechuga buchona,[42] resplandeciente de cruces y bandas, recoge el cordón de los lentes, tremola[43] el fascículo de su discurso.[44]

La descripción del monarca en *Tirano Banderas*, no menos acertada, da al lector un tercer ejemplo:

> EL MONARCA, asomado por la ventanilla del vagón, contraía con una sonrisa belfona[45] la carátula de unto[46] y picardeaba[47] los ojos pardillos sobre la delegación de beatas catequistas. Aplaudió, campechano,

---

[34]**lampiño**: que no tiene barba.

[35]**macilento**: descolorido, mustio, flaco.

[36]**guedeja**: cabellera larga.

[37]**chalina**: corbata de caídas largas.

[38]Valle-Inclán, *Obras completas de Don Ramon del Valle-Inclán*, 3ᵃ ed. (Madrid: Plenitud, 1954), II, 699.

[39]**tarasca**: espantajo; mujer fea y perversa.

[40]**pechona**: descarada.

[41]**fondona**: de trasero muy abultado.

[42]**buchona**: dícese del palomo o paloma que puede hinchar el buche de una manera desmesurada.

[43]**tremolar**: enarbolar y agitar pendones o banderas moviéndolas en el aire.

[44]Valle-Inclán, *Obras completas*, I, 1075.

[45]**sonrisa belfona**: que tiene más grueso el labio inferior.

[46]**carátula de unto**: *carátula:* careta; *unto:* materia grasa usada para untar.

[47]**picardear**: decir o hacer picardías.

el final del discurso sacando la figura alombrigada[48] y una voz de caña hueca.[49]

Cada una de estas tres descripciones tiene los elementos básicos del esperpento—deformación, feísmo, ironía, crítica—y por consiguiente, se les puede llamar esperpentos en miniatura. La diferencia entre el esperpento épico y el esperpento en miniatura es la extensión.

Valle-Inclán no fue el primero en usar este estilo. Lo habían hecho antes Cervantes y Quevedo. En la pintura Goya es precursor y sus "Caprichos" son de un esperpentismo acentuado.

El mérito de Valle-Inclán no es de iniciador sino de cultivador y de continuador. Dio nombre al esperpento en *Luces de Bohemia* y luego se dedicó de lleno al cultivo de esta forma de expresión como Goya se había dedicado a la pintura de sus "Caprichos". Valle reconoció esto y por eso en la obra citada, el poeta Max dice: "Los ultraístas son unos farsantes. El esperpentismo lo ha inventado Goya. Los héroes clásicos han ido a pasearse en el callejón del Gato."[50] Tales son los antecedentes del esperpento que tanto renombre ha dado a Valle-Inclán. Es necesario aclarar que Valle es importante por su voluntad de estilo. El perfeccionamiento es su fuerte y no la originalidad inventiva.

---

[48]**figura alombrigada**: figura alargada como una lombriz.
[49]Valle-Inclán, *Obras completas*, I, 1076.
[50]Valle-Inclán, *Obras completas*, I, 939.

Prosa modernista

La creación del personaje del marqués de Bradomín fue una de las realizaciones mejor logradas de Valle-Inclán. Lo describe como un "Don Juan, feo, católico y sentimental", o sea como el antítesis del Don Juan tradicional. Las cuatro Sonatas: *Sonata de otoño* (1902), *Sonata de estío* (1903), *Sonata de primavera* (1904) y *Sonata de invierno* (1905) constituyen las imaginadas y poéticas memorias del marqués durante las cuatro etapas de su vida.

La *Sonata de estío* relata los amoríos del marqués con la hermosa criolla, "La Niña Chole", en tierra caliente. El trozo que sigue revela la sensualidad y la crueldad de la Niña Chole y el poco aprecio en que se tenía la vida humana en el Nuevo Mundo. Las cuatro sonatas están escritas en una prosa modernista extraordinaria.

Sonata de estío

Acababa de bajar a mi camarote, y hallábame tendido en la litera fumando una pipa, y quizá soñando con la Niña Chole, cuando se abre la puerta y veo aparecer a Julio César, rapazuelo mulato que me había regalado en Jamaica cierto aventurero portugués que, andando el tiempo, llegó a general en la República Dominicana. Julio César se detiene en la puerta, bajo el pabellón que forman las cortinas:

—¡Mi amito! A bordo viene un moreno que mata los tiburones en el agua con el trinchete.[1] ¡Suba, mi amito, no se dilate!...

Y desaparece velozmente, como esos etíopes carceleros de princesas en los castillos encantados. Yo, espoleado por la curiosidad, salgo tras él. Heme[2] en el puente que ilumina la plácida claridad del plenilunio. Un negro colosal, con el traje de tela chorreando agua, se sacude como un gorila, en medio del corro[3] que a su rededor han formado los pasajeros, y sonríe mostrando sus blancos dientes de animal familiar. A pocos pasos dos marineros encorvados sobre la borda de estribor, halan un tiburón medio degollado, que se balancea fuera del agua

---

[1] **trinchete**: cuchilla de zapatero.
[2] **heme**: me hallo.
[3] **corro**: grupo o círculo de gente.

al costado de la fragata. Mas he ahí que de pronto rompe el cable, y el tiburón desaparece en medio de un remolino de espumas. El negrazo musita apretando los labios elefanciacos:

—¡Pendejos![4]

Y se va, dejando como un rastro en la cubierta del navío las huellas húmedas de sus pies descalzos. Una voz femenina le grita desde lejos:

—¡Ché,[5] moreno! . . .

—¡Voy, horita![6] . . . No me dilato.

La forma de una mujer blanquea sobre negro fondo en la puerta de la cámara. ¡No hay duda, es ella! ¿Pero cómo no la he adivinado? ¿Qué hacías tú, corazón, que no me anunciabas su presencia? ¡Oh, con cuánto gusto hubiérate entonces puesto bajo sus lindos pies para castigo! El marinero se acerca:

—¿Manda alguna cosa la Niña Chole?

—Quiero verte matar un tiburón.

El negro sonríe con esa sonrisa blanca de los salvajes, y pronuncia lentamente, sin apartar los ojos de las olas que argenta la luna:

—No puede ser, mi amita: Se ha juntado una punta de tiburones, ¿sabe?

—¿Y tienes miedo?

—¡Qué va! . . . Aunque fácilmente, como la sazón está peligrosa . . . Vea su merced no más . . .

La Niña Chole no le dejó concluir:

—¿Cuánto te han dado esos señores?

—Veinte tostones:[7] Dos centenes,[8] ¿sabe?

Oyó la respuesta el contramaestre, que pasaba ordenando una maniobra, y con esa concisión dura y franca de los marinos curtidos, sin apartar el pito de los labios ni volver la cabeza, apuntóle:

—¡Cuatro monedas y no seas guaje![9] . . .

El negro pareció dudar. Asomóse al barandal de estribor y observó un instante el fondo del mar, donde temblaban amortiguadas las estrellas. Veíanse cruzar argentados y fantásticos peces que dejaban

---

[4]**pendejo**: estúpido, tonto.
[5]**ché**: oye (en ciertos países de Hispanoamérica).
[6]**horita**: ahorita, ahora mismo (mexicanismo).
[7]**tostón**: moneda mexicana de cincuento centavos.
[8]**centén**: moneda cubana de cinco pesos.
[9]**guaje**: tonto, bobo (mexicanismo).

tras sí estela de fosforescentes chispas y desaparecían confundidos con los rieles de la luna. En la zona de sombra que sobre el azul de las olas proyectaba el costado de la fragata, esbozábase la informe mancha de una cuadrilla de tiburones. El marinero se apartó reflexionando. Todavía volvióse una o dos veces a mirar las dormidas olas, como penetrado de la queja que lanzaban en el silencio de la noche. Picó un cigarro con las uñas, y se acercó:

—Cuatro centenes, ¿le apetece a mi amita?

La Niña Chole, con ese desdén patricio que las criollas opulentas sienten por los negros, volvió a él su hermosa cabeza de reina india, y en tono tal, que las palabras parecían dormirse cargadas de tedio en el borde de los labios, murmuró:

—¡Acabarás?... ¡Sean los cuatro centenes!...

Los labios hidrópicos[10] del negro esbozaron una sonrisa de ogro avaro y sensual. Seguidamente despojóse de la blusa, desenvainó el cuchillo que llevaba en la cintura y como un perro de Terranova[11] tomóle entre los dientes y se encaramó sobre la borda. El agua del mar relucía aún en aquel torso desnudo que parecía de barnizado ébano. Inclinóse el negrazo sondando con los ojos el abismo. Luego, cuando los tiburones salieron a la superficie, le vi erguirse negro y mitológico sobre el barandal que iluminaba la luna, y con los brazos extendidos echarse de cabeza y desaparecer buceando. Tripulación y pasajeros, cuantos se hallaban sobre cubierta, agolpáronse a la borda. Sumiéronse los tiburones en busca del negro, y todas las miradas quedaron fijas en un remolino que no tuvo tiempo a borrarse, porque casi incontinenti[12] una mancha de espumas rojas coloreó el mar, y en medio de los hurras de la marinería y el vigoroso aplaudir de las manos coloradotas y plebeyas de los mercaderes, salió a flote la testa chata y lanuda del marinero que nadaba ayudándose de un solo brazo, mientras con el otro sostenía entre aguas un tiburón degollado por la garganta, donde traía clavado el cuchillo... Tratóse en tropel de izar al negro. Arrojáronse cuerdas, ya para el caso prevenidas, y cuando levantaba medio cuerpo fuera del agua, rasgó el aire un alarido horrible, y le vimos abrir los brazos y desaparecer sorbido por los

---

[10]**hidrópico**: que padece hidropesía; insaciable, ansioso.
[11]**perro de Terranova**: *Newfoundland dog*.
[12]**incontinenti**: inmediatamente.

tiburones. Yo permanecía aún sobrecogido cuando sonó a mi espalda una voz que decía:

—¿Quiere hacerme sitio, señor?

Al mismo tiempo alguien tocó suavemente mi hombro. Volví la cabeza y halléme con la Niña Chole. Vagaba, cual siempre, por su labio inquietante sonrisa, y abría y cerraba velozmente una de sus manos, en cuya palma vi lucir varias monedas de oro. Rogóme con cierto misterio que la dejase sitio, y doblándose sobre la borda las arrojó lo más lejos que pudo. En seguida volvióse a mí con gentil escorzo de todo el busto:

—¡Ya tiene para el flete de Caronte![13] ...

Yo debía estar más pálido que la muerte, pero como ella fijaba en mí sus hermosos ojos y sonreía, vencióme el encanto de los sentidos, y mis labios aún trémulos, pagaron aquella sonrisa de reina antigua con la sonrisa del esclavo que aprueba cuanto hace su señor. La crueldad de la criolla me horrorizaba y me atraía. Nunca como entonces me pareciera tentadora y bella. Del mar oscuro y misterioso subían murmullos y aromas. La blanca luna les prestaba no sé qué rara voluptuosidad. La trágica muerte de aquel coloso negro, el mudo espanto que se pintaba aún en todos los rostros, un violín que lloraba en la cámara, todo en aquella noche, bajo aquella luna, era para mí objeto de voluptuosidad depravada y sutil ...

Alejóse la Niña Chole con ese andar rítmico y ondulante que recuerda al tigre, y al desaparecer, una duda cruel me mordió el corazón. Hasta entonces no había reparado que a mi lado estaba un adolescente bello y rubio, que recordé haber visto al desembarcar en la playa de Tuxtlan. ¿Sería para él la sonrisa de aquella boca, en donde parecía dormir el enigma de algún antiguo culto licencioso, cruel y diabólico?

---

[13]**flete de Caronte**: para pagar el pasaje a Caronte, el barquero en la mitología griega que llevaba a los muertos de un lado al otro del río Estigia.

Valle-Inclán publicó *Corte de amor* en 1903. Es una colección de varios cuentos de espíritu dieciochesco y de cáracter modernista. "Rosita" es un cuento representativo de la colección que lleva, un poco irónicamente, el subtítulo de "Florilegio de honestas y nobles damas". La obra tipifica a un Valle juvenil en su desarrollo estilístico, pero ya apasionado por la belleza, por el estilo y por la quietud estética.

Rosita

Cálido enjambre de abejorros y tábanos[1] rondaba los grandes globos de luz eléctrica que inundaban en parpadeante claridad el pórtico del "Foreign Club": un pórtico de mármol blanco y estilo pompeyano,[2] donde la acicalada turba de gomosos[3] y clubmanes humeaba cigarrillos turcos y bebía cócteles en compañía de algunas damas galantes. Oyendo a los caballeros, reían aquellas damas, y sus risas locas, gorjeadas con gentil coquetería, besaban la dorada fimbra de los abanicos que, flirteadores y mundanos, aleteaban entre aromas de amable feminismo. A lo lejos, bajo la Avenida de los Tilos,[4] iban y venían del brazo Colombina[5] y Fausto, Pierrot[6] y la señora de Pom-

---

[1]**tábano:** especie de mosca grande.
[2]**estilo pompeyano:** dícese del estilo o gusto artístico de los objetos hallados en Pompeya.
[3]**gomoso:** *dandy.*
[4]**Tilo:** *linden tree.*
[5]**Colombina:** personaje de las pantomimas francesas.
[6]**Pierrot:** personaje de las pantomimas francesas, vestido de blanco y con el rostro lleno de harina.

padour.[7] También acertó a pasar, pero solo y melancólico, el Duquesito de Ordax, agregado entonces a la Embajada Española. Apenas le divisó Rosita Zegri, una preciosa que lucía dos lunares en la mejilla, cuando, quitándose el cigarrillo de la boca, le ceceó con andaluz gracejo:

—¡Ezpérame,[8] niño!

Puesta en pie apuró el último sorbo del cóctel y salió presurosa al encuentro del caballero, que con ademán de rebuscada elegancia se ponía el monóculo para ver quién le llamaba. Al pronto el Duquesito tuvo un movimiento de incertidumbre y de sorpresa. Súbitamente recordó:

—¡Pero eres tú, Rosita!

—¡La mizma,[9] hijo de mi alma!... ¡Pues no hace poco que he llegado de la India!

El Duquesito arqueó las cejas y dejó caer el monóculo. Fue un gesto cómico y exquisito de polichinela[10] aristocrático. Después exclamó, atusándose[11] el rubio bigote con el puño cincelado de su bastón:

—¡Verdaderamente tienes locuras dislocantes, encantadoras, admirables!

Rosita Zegri entornaba los ojos con desgaire[12] alegre y apasionado, como si quisiese evocar la visión luminosa de la India.

—¡Más calor que en Sevilla!

Y como el Duquesito insinuase una sonrisa algo burlona, Rosita aseguró:

—¡Más calor que en Sevilla! ¡No pondero, lo menos!...

El Duquesito seguía sonriendo:

—Bueno, muchó calor... Pero cuéntame cómo has hecho el viaje.

—Con lord Salvurry. Tú le conociste. Aquel inglés que me sacó de Sevilla... !Tío más borracho!

—¿Ahora estás aquí con él?

---

[7]**la señora de Pompadour**: Antoinette Poisson, marquesa de Pompadour (1721-1764), favorita del rey de Francia, Luis XV.

[8]**ezpérame**: espérame, escrito como se pronuncia en Andalucía.

[9]**mizma**: misma, escrito como se pronuncia en Andalucía.

[10]**polichinela**: *Punch and Judy show*.

[11]**atusar**: alisar el pelo con la mano.

[12]**desgaire**: descuido afectado.

—¡Quita allá!

—¿Estás sola?

—Tampoco. Ya te contaré. ¿Tú temías que estuviese sola?

El caballero se inclinó burlonamente:

—Sola o acompañada, tú siempre me das miedo, Rosita.

Se miraron alegremente en los ojos.

—¡Vaya, que deseaba encontrarme con alguno de Sevilla!

Rosita Zegri no podía olvidarse de su tierra. Aquella andaluza con ojos tristes de reina mora, tenía los recuerdos alegres como el taconeo[13] glorioso del bolero, y del fandango. Sin embargo suspiró:

—Dime una cosa: ¿Estabas tú en Sevilla cuando murió el pobre Manolillo?

—¿Qué Manolillo?

—¡Pues cuál va a ser! Manolo el Espartero.

El Duquesito hizo un gesto indiferente:

—Yo hace diez años que no caigo por allá.[14]

Rosita puso los ojos tristes:

—¡Pobre Manolo!... Ahí tienes un hombre a quien he querido de verdad. ¿Tú le recuerdas?

—Desde que empezó.

—¡Mira que tenía guapeza[15] en la plaza!

—Pero no sabía de toros.

—¡Pobre Manolillo! ¡Cuando leí la noticia me pasé llorando cerca de una hora.

La sonrisa del Duquesito, que parecía subir enroscándose por las guías del bigote, comunicaba al monóculo un ligero estremecimiento burlón:

—No sería tanto tiempo, Rosita.

Rosita se abanicó gravemente:

—¡Sí, hijo!... Hay cosas que no pueden olvidarse.

—¿Fue tu primer amor, sin duda?

—Uno de los primeros.

El monóculo del gomoso tuvo un temblor elocuente:

—¡Ya!... Tu primer amor entre los toreros.

---

[13]**taconeo**: acción y efecto de taconear al andar o al bailar.
[14]**no caigo por allá**: no voy allá.
[15]**guapeza**: ánimo, bizarría.

—¡Cabal!... ¡Cuidado que tienes talento!

Y Rosita se reía guiñando los ojos y luciendo los dientes blancos y menudos. Después, ajustándose un brazalete, volvió a suspirar. ¡Era todavía el recuerdo de Manolillo! Aquel suspiro hondo y perfumado levantó el seno de Rosita Zegri como una promesa de juventud apasionada. Para endulzar su pena se dispuso a saborear los confites que llevaba dentro de un huevo de oro:

—Anda, niño, tenme un momento el abanico. Daremos una vuelta al lago, y luego volveremos al "Foreign Club". ¡Qué tragedias tiene la vida!

Metióse un confite en la boca, y tomando otro con las yemas de los dedos, brindóselo al Duquesito:

—Ten. ¡No hay más!

El galán, con uno de sus gestos de polichinela, solicitó el que la dama tenía en la boca. La dama sacóle al aire en la punta de la lengua.

—¡Vamos, hombre, no te encalabrines![16]

II

Tuvieron que apartarse para dejar paso a una calesa[17] con potros a la jerezana,[18] pimpante[19] españolada, idea de una bailarina, gloria nacional. Reclinadas en el fondo de la calesa, riendo y abanicándose, iban dos mujeres jóvenes y casquivanas ataviadas manolescamente[20] con peinetas de teja y pañolones[21] de crespón que parecían jardines. Cuando pasaron, Rosita murmuró al oído del Duquesito:

—Ésas son las que ponen el mingo.[22] ¿Las conoces?

—Sí... También son españolas.

—Y de Sevilla.

—¿No sois amigas?

—Muy amigas... Pero no está bien que me saluden a la faz del

---

[16]**encalabrinar**: irritar.

[17]**calesa**: *two-wheeled carriage*.

[18]**potros a la jerezana**: potros adornados a la manera de Jerez de la Frontera para las ferias.

[19]**pimpante**: vestido con elegancia; garboso.

[20]**manolescamente**: con desenfado como los manolos y las manolas.

[21]**pañolón**: mantón, manto o pañuelo grande.

[22]**mingo**: que sobresalen; que tienen importancia.

mundo. A ti mismo te permito que me hables como en nuestros buenos tiempos, porque aquí estoy de incógnito ... De otra manera tendrías que darme tratamiento.[23]

—¿Cuál, Rosita? ·

—De Majestad.

—Su Graciosa Majestad.

—¡Naturalmente!

Desde la orilla lejana, un largo cortejo de bufones y azafatas,[24] de chambelanes[25] patizambos[26] y de princesas locas, parecía saludar a Rosita agitando las hachas de viento que se reflejaban en el agua. Era un séquito real. Cuatro enanos cabezudos conducían en andas a un viejo de luengas[27] barbas, que reía con la risa hueca de los payasos, y agitaba en el aire las manos ungidas de albayalde[28] para las bofetadas chabacanas.[29] Princesas, bufones, azafatas, chambelanes, se arremolinaban saltando en torno de las andas ebrias y bamboleantes. Todo el séquito cantaba a coro, un coro burlesco de voces roncas. La dama cogió el brazo del galán:

—Volvamos. No quiero lucirme contigo.

Y levantándose un poco la falda, le arrastró hacia un paseo solitario. La orilla del agua fue iluminándose lentamente con las antorchas del cortejo. Bajo la Avenida de los Tilos, la sombra era amable y propicia. En los viejos bancos de piedra, parejas de enamorados hablaban en voz baja. El Duquesito de Ordax intentó rodear el talle de Rosita Zegri, que le dio con el abanico en las manos:

—Vamos, niño, que atentas a mi pudor.

Con la voz un poco trémula, el Duquesito murmuró:

—¿Por qué no quieres?

—Porque no me gustan las uniones morganáticas.[30]

---

[23]**dar tratamiento**: dar título de cortesía a una persona.

[24]**azafata**: criada de una reina.

[25]**chambelán**: gentilhombre de cámara.

[26]**patizambo**: *knock-kneed*.

[27]**luengo**: largo.

[28]**albayalde**: polvo blanco (ácido corbónico y óxido de plomo) usado en la pintura.

[29]**chabacano**: sin gusto, grosero.

[30]**morganático**: matrimonio entre un príncipe y una mujer de condición inferior y vice versa.

—¿Y un beso?

—¿Uno nada más?

—¡Nada más!

—Sea . . . Pero en la mano.

Y haciendo un mohín[31] le alargó la diestra cubierta de sortijas hasta la punta de los dedos. El Duquesito posó apenas los labios. Después se atusó el bigote, porque un beso, aun cuando sea muy ceremonioso, siempre lo descompone un poco.

—¡Verdaderamente eres una mujer peligrosa, Rosita!

Rosita se detuvo riendo con carcajadas de descoco,[32] que sonaban bajo el viejo ramaje de la Avenida de los Tilos como gorjeos de un pájaro burlón:

—¿Pero oye, mamarracho,[33] has creído que pretendo seducirte?

—Me seduces sin pretenderlo. ¡Ahí está el mal!

—¿De veras? . . . Pues hijo, separémonos.

La dama apresuró el paso. El galán la siguió:

—¡Oye!

—No oigo.

—En serio.

—Me aburre lo serio.

—Tienes que contarme tu odisea de la India.

Rosita Zegri se detuvo y volvió a tomar el brazo del Duquesito. Mirándole maliciosamente suspiró:

—Está visto que nos une el pasado.

—Debíamos renovarlo.

—¿Y mi reputación?

—¿Cuál reputación?

—Mi reputación de mujer de mundo. ¡Ni que fuese yo una prójima de las que tienen un amante diez años, y hacen las paces todos los domingos! Es de muy malísimo tono restaurar amores viejos.

El Duquesito puso los ojos en blanco, y alzó los brazos al cielo. En una mano tenía el bastón de bambú, en la otra los guantes ingleses:

—¡Ya estamos en ello, Rosita! . . . Y tú me conoces bastante para

---

[31]**mohín**: figura, gesto.

[32]**descoco**: descaro, desvergüenza.

[33]**mamarracho**: figura ridícula.

saber que yo soy incapaz de proponerte nada como no sea absolutamente correcto. ¡Pero la noche, la ocasión!

Rosita inclinó la cabeza sobre un hombro, con gracia picaresca
y gentil:

—¡Ya caigo! Deshojemos una flor sobre su sepultura, y a vivir . . .

El Duquesito se detuvo y miró en torno:

—Sentémonos en aquel banco.

Rosita no hizo caso y siguió adelante:

—Me hace daño el rocío.

—Sin embargo, en otro tiempo, Rosita . . .

—¡Ah! . . . En otro tiempo aún no había estado en la India.

El galán alcanzó a la dama y volvió a rodearle el talle, e intentó
besarla en la boca. Ella se puso seria:

—Vamos, ¿quieres estarte quieto?

—¿Decididamente, te sientes Lucrecia?[34]

—No me siento Lucrecia, chalado[35] . . . ¡Pero lo que pretendes no
tiene sentido común! . . . ¡Aquí, al aire libre, sobre la hierba! . . .
Ciertas cosas, o se hacen bien o no se hacen. . . .

—¡Pero, Rosita de mi alma, la hierba no impide que las cosas se
hagan bien!

Rosita Zegri, un poco pensativa, paseó sus ojos morunos y velados
todo a lo largo de la orilla que blanqueaba al claro de la luna. Los remos
de una góndola tripulada por diablos rojos batían a compás en el
dormido lago, donde temblaban amortiguadas[36] las estrellas, y alguna
dama, con la cabeza empolvada, tal vez una duquesa de la fronda,
cruzaba en carretela por la orilla. Rosita se apoyó lánguidamente en
el brazo del Duquesito.

—Cómo se conoce que eres hombre. ¡Todos sois iguales! Así oye
una esas tonterías de que venimos del mono. ¡Vosotros tenéis la culpa,
mamarrachos! A los monos también les parece admirable la hierba
para hacerse carocas.[37] Los he visto con mis bellos ojos en la India.
¡En achaques de amor, sois iguales!

---

[34]**Lucrecia**: mujer romana notable por su castidad.

[35]**chalado**: falto de juicio.

[36]**amortiguado**: disminuido, amenguado.

[37]**hacerse carocas**: gestos cariñosos de atracción.

Y la risa volvió a retozar en los labios de Rosita Zegri, aquellos labios de clavel andaluz, que parecían perfumar la brisa.

III

El Duquesito agitaba en el aire sus guantes y su bastón. Parecía desesperado.

—Rosita, en otro tiempo no eras tan mirada.

—¡Como que en otro tiempo aún no había estado en las tierras del sol, y no me hacía daño el rocío!

—Te desconozco.

—¿Cuándo has sabido leer en mi corazón? ¡Nunca!... Te dio siempre la ventolera[38] por decir que te coronaba.[39] ¡Ay, qué pelma![40]

—¿Y no era verdad?

Rosita se detuvo rehaciendo en sus dedos los rizos lacios y húmedos de rocío que se le metían por los ojos.

—Como verdad, sí... Pero yo te engañaba solamente con algún amigo, mientras que Leré te ha engañado después con todo el mundo. ¡Suerte que tienen algunas! Ésa te había puesto una venda en los ojos.

El Duquesito de Ordax alzó los hombros, como pudiera alzarlos el más prudente de los estoicos.

—No creas... Únicamente que con el tiempo cambia uno mucho. He comprendido que los celos son plebeyos.

—Todos los hombres comprendéis lo mismo cuando no estáis enamorados.

—¡Hoy quién se enamora!

—¿También es plebeyo?

—Anticuado nada más.

Rosita se detuvo recogiéndose la falda, y miró al Duquesito con expresión burlona. Su risa de faunesa, alegre y borboteante, iluminaba con una claridad de nieve la rosa de su boca:

—Oye, en nuestros buenos tiempos la pasión volcánica debió ser el último grito. ¡Mira que has hecho tonterías por mí!

—¿Estás segura?

---

[38]**ventolera**: pensamiento extravagante.

[39]**que te coronaba**: que te engañaba con otros hombres.

[40]**pelma**: persona tarda o pesada en sus acciones.

—¿De que eran tonterías? ¡Vaya!

La sonrisa del Duquesito hacía temblar el monóculo, que brillaba en la sombra como la pupila de un cíclope. Rosita se puso seria:

—¿Vas a negarlo? Si me escribías unas cartas inflamadas. Aun hace poco las he quemado. Todo era hablar de mis ojos, adonde se asomaba el alma de una sultana, y de las estrellas negras ... ¿Te acuerdas de tus cartas?

El Duquesito dejó caer el monóculo que, prendido al extremo de la cinta de seda, quedó meciéndose como un péndulo sobre el chaleco blanco:

—¡Ay, Rosita! ... ¡Si te dijese que todas esas tonterías las copiaba de los dramas de Echegaray![41] ¡Las mujeres sois tan sugestionables!

La mirada de Rosita Zegri volvió a vagar perdida a lo lejos, contemplando las ondas que rielaban.[42] Sobre su cabeza la brisa nocturna estremecía las ramas de los tilos con amoroso susurro. Caminaron algún tiempo en silencio. Después Rosita fijó largamente en el Duquesito sus ojos negros, poderosos y velados. ¡Aquellos ojos adonde se asomaba el alma de una sultana!

—Oye, ¿cómo no estando enamorado eras tan celoso?

—Por orgullo. Aún no sabía que en amor a todos los hombres nos ocurren los mismos contratiempos.

—¡Ese consuelo no lo tengas, niño!

—¿Qué, no somos todos engañados, Rosita?

—No.

—¿Tú has sido fiel alguna vez?

—No recuerdo.

—¡Pues entonces!

Rosita le miró maliciosamente, humedeciéndose los labios con la punta de la lengua:

—Qué trabajo para que comprendas. ¿A cuántos engañé contigo? ¡A ninguno! ... ¡Y a ti, preciosidad, alguna vez! ... Ahí tienes la diferencia.

El Duquesito cogió una mano de Rosita:

—Anda, déjame que te bese la garra.[43]

---

[41]**Echegaray**: José Echegaray (1832–1916), matemático y dramaturgo español.
[42]**rielar**: brillar trémulamente.
[43]**garra**: mano.

—No seas payaso ... Dime, ¿y los versos que escribiste en mi abanico?

—De Bécquer.

—¡Habrá farsante! ... ¡Yo que casi riño con Carolina Otero porque me dijo que ya los había leído!

—¡Tiene gracia!

—No puedes figurártelo. Porque al fin me confesó que no los había leído ... Unicamente que Carolina no te creía capaz.

El Duquesito sonrió desdeñosamente, se puso el monóculo y contempló las estrellas. Rosita le miraba de soslayo.

—¡Yo no sabía que fueses tan temible! ... ¿De manera que la tarde aquella, cuando me enseñaste un revólver jurando matarte, también copiabas de Echegaray?

—La frase de Echegaray, el gesto de Rafael Calvo.[44]

—Por lo visto, en la aristocracia únicamente servís para malos cómicos.

El Duquesito se atusó el rubio bigotejo con toda la impertinencia de un dandy:

—Desgraciadamente ciertos desplantes[45] sólo conmueven a los corazones virginales.

Rosita suspiró, recontando el varillaje de su abanico:

—¡Toda la vida seré una inocente!

IV

Un grupo de muchachas alegres y ligeras pasó corriendo, persiguiéndose con risas y gritos. Entre sus cabellos y sus faldas traían una brisa de jardín. Era un tropel airoso y blanco que se desvaneció en el fondo apenas esclarecido, donde la luna dejaba caer su blanca luz. La dama se detuvo, y alargó su mano, refulgente de pedrerías, al galán. Suspiraba sacando al aire el último confite, en la punta de la lengua, divino rubí:

—Aquí termina nuestro paseo. Encantada de tu compañía.

Y Rosita Zegri despedía al Duquesito de Ordax haciendo una cortesía principesca. El Duquesito aparentó sorprenderse.

---

[44]**Rafael Calvo**: Actor español (1842–1888) de gran relieve en la segunda mitad del siglo XIX. Echegaray escribió muchos de sus dramas para él.

[45]**desplante**: acto de descaro, de audacia.

—¿Qué te ha dado, Rosita?

—Nada. Veo la iluminación del "Foreign Club", y no quiero lucirme contigo.

—¿Te has enojado por lo que dije?

—No, por cierto. Siempre me había figurado eso . . .

—¿Entonces, qué?

—¡Entonces, nada! Que me aburre la conversación y prefiero terminar sola el paseo. Quiero ver cómo la luna se refleja en el lago.

—¿Te has vuelto poética?

—No sé . . .

—Luna, lago, nocturnidad.

—¡Qué quieres! Eso me recuerda las verbenas[46] del Guadalquivir. En ciertos días me entra un aquél[47] de Sevilla, que siento tentaciones de arrancarme por soledades. Te lo digo yo: el único amor verdad es el amor patrio.

El Duquesito no tuvo la osadía de reírse. Había oído lo mismo infinitas veces a todos los grandes oradores de España. Sin embargo, movió la cabeza en señal de duda.

—¿Dónde dejas el amor maternal, Rosita?

Rosita suspiró.

—Por ahí no me preguntes, hijo. Yo no he conocido a la pobrecita de mi madre. Tengo oído que ha sido una mujer de aquellas que dan el olé[48].

Y Rosita Zegri permaneció un momento con las manos en cruz, como si rezase por aquella madre desconocida que daba el olé. Bajo la luz de la luna fulguraba la pedrería de sus anillos en los dedos pálidos. El aliento del ondulante lago le alborotaba las plumas del sombrero. Distinguió un banco en la orilla del camino, y andando con fatiga fue a sentarse.

—¡Qué hermosa noche! . . .

—¡Y qué mal la aprovechamos!

El galán quiso sentarse en el banco al lado de la dama, pero ella tendió el abanico para impedírselo.

—¡Lejos, lejos! . . . No te quiero a mi lado.

---

[46]**verbena**: Velada y feria en Madrid, Sevilla y otras poblaciones, una fiesta de carácter regional para el pueblo.

[47]**me entra un aquél**: me entra una nostalgia.

[48]**que dan el olé**: que les gusta el vivir alegre.

El Duquesito se apoyó en el tronco de un árbol.

—Me resigno a todo.

La luna, arrebujada[49] en nubes, dejaba caer su luz lejana y blanca sobre el negro ramaje de los tilos. Parecía la faz de una Margarita amortajada con tocas negras. Rosita entornó los ojos y respiró con lánguido desmayo:

—¡Qué agradable aroma! Ya empiezan a florecer las acacias. Me gustaría pasar aquí la noche.

—¿Y la humedad, Rosita? Recuerda que has estado en la India.

Rosita siguió abanicándose en silencio y mirando ondular el lago. A lo lejos cantaba un pescador de opereta con los remos levantados, goteando en el agua, y la barca deslizábase sola impulsada por la corriente. El pescador cantaba los amores tristes que riman con la luna. El pescador quería morir. Rosita suspiró, arreglándose los rizos.

—¡Ah!... Yo también.

Después volvióse hacia el Duquesito.

—Me da pena verte ahí como una estatua. Siéntate si quieres.

Y la dama hizo sitio al galán. En aquel momento tenía los ojos llenos de lágrimas que permanecían temblando en las pestañas. El Duquesito pareció consternado.

—¡Tú lloras!

Rosita parpadeó, sonriendo melancólica.

—Me dan estas cosas. Tú quizá no lo comprenderás.

El Duquesito se dejó ganar el corazón por aquella voz acariciadora, voz de mujer interesante y bella, que le hablaba al claro de la luna, ante el rielar de un lago, en el silencio de la noche.

—Sí, lo comprendo, Rosita. Yo mismo lloro, muchas veces, el vacío de mi vida. ¡Es la penitencia por divertirse demasiado, chiquilla!

—¡Ah!... ¡Si cuando yo me lancé hubiese encontrado un hombre de corazón en mi camino! ¡No lo quiso la suerte!

—Te hubieras divertido menos.

—Pero hubiera sido más feliz. Créeme, yo no había nacido para ciertas cosas. La vida ha sido muy dura conmigo. ¿Tú sabes la historia de aquel *clown* que se moría de tristeza haciendo reír a la gente?... ¡Ah! ¡Si yo hubiese encontrado un hombre en mi camino!

---

[49]**arrebujado**: envuelto.

El monóculo del Duquesito permanecía inmóvil, incrustado bajo la ceja rubia. Ya no sonreía.

—¿Y si encontrases todavía alguno en tu diapasón,[50] Rosita?

—Puede ser que hiciese una locura.

—¿Una nada más? Para ti es muy poco. ¿De tus amantes antiguos no has querido a ninguno?

—De esta manera que sueño, no.

Y Rosita volvió a seguir con los ojos el cabrilleo[51] de las ondas. Allá en el fondo misterioso, balanceábase la barca negra, donde cantaba el pescador.

—¿Qué exigirías de ese amante ideal?

—No sé.

—¿Sería un Abelardo,[52] un Romeo o un Alfonso?

—Lo que él quisiese.

—¿Y si pretendía ser el único?

Rosita Zegri se volvió, gentilmente.

—¿Tienes alguno que proponerme?

El Duquesito no respondió, pero su mano buscó en la sombra la mano de Rosita, una mano menuda que, íntima y tibia, se enlazó con la suya. La dama y el galán guardaron silencio mirando a lo lejos cómo la luna crestaba de plata las ondas negras. El Duquesito murmuró en voz baja, con cierto trémolo apasionado y ronco:

—Hace un momento, cuando tú me has llamado, iba pensando en dar un paseo solitario. También estaba triste sin motivo. Cruzaba por la Avenida removiendo en mi pensamiento recuerdos casi apagados. Aventando cenizas.

—¿Pensabas en mí?

—También pensaba en ti . . . ¡Y cuánta verdad, que muchas veces basta un soplo para encender el fuego! Tu voz, tus ojos, tu deseo de un amor ideal, ese deseo que nunca me habían confesado tus labios . . . ¡Si yo lo hubiese adivinado! Pero qué importa, si aun ignorándolo te quise como a ninguna otra mujer, porque yo no he querido a nadie

---

[50]**en tu diapasón**: en tu esfera, círculo, ambiente.

[51]**cabrilleo**: brillo, destello.

[52]**Abelardo**: Pedro Abelardo (1079–1142), filósofo y teólogo escolástico francés, famoso por sus amores con Eloísa.

más que a ti, y te quiero aún . . . Cuando me hablabas hace un momento, veía en tus ojos la claridad de tu alma.

Rosita le interrumpió, riendo:

—¡Calla! ¡Calla! . . . Nada de citas.

—¿De citas?

—Sí . . . ¡De Echegaray, supongo! . . . ¡De los dramas de Echegaray!

El galán agitó los guantes, y, un poco perplejo, miró a la dama, que reía ocultando el rostro tras el abanico. Y en aquellos labios de clavel andaluz, la risa era fragante, el aire se aromaba.

Los tres cuentos que siguen se hallan en *Jardín Umbrío*, una colección de diez y siete cuentos publicada en 1903. Los cuentos son típicos de Valle pues revelan su predilección por lo misterioso ("Milón de Arnoya"), por lo pícaro ("Nochebuena") y por lo violento ("Un cabecilla"). Los tres cuentos tienen el sabor de la Galicia campestre que tanto amaba y que poetizó en prosa modernista.

Un Cabecilla

De aquel molinero viejo y silencioso que me sirvió de guía para visitar las piedras célticas del Monte Rouriz guardo un recuerdo duro, frío y cortante como la nieve que coronaba la cumbre. Quizá más que sus facciones, que parecían talladas en durísimo granito, su historia trágica hizo que con tal energía hubiéseme quedado en el pensamiento aquella carta tabacosa que apenas se distinguía del paño de la montera.[1] Si cierro los ojos, creo verle: era nudoso, seco y fuerte, como el tronco centenario de una vid; los mechones grises y desmedrados de su barba recordaban esas manchas de musgo que ostentan en las ocacidades[2] de los pómulos las estatuas de los claustros desmantelados; sus labios de corcho se plegaban con austera indiferencia; tenía un perfil inmóvil y pensativo, una cabeza inexpresiva de relieve egipcio. ¡No, no lo olvidaré nunca!

Había sido un terrible guerrillero. Cuando la segunda guerra civil, echóse al campo con sus cinco hijos, y en pocos días logró levantar una facción de gente aguerrida y dispuesta a batir el cobre.[3] Algunas

[1]**montera**: sombrero.
[2]**ocacidades**: huecos.
[3]**batir el cobre**: dedicarse a conseguir resultados (expresión familiar).

veces fiaba el mando de la partida a su hijo Juan María y se internaba en la montaña, seguro, como lobo que tiene en ella su cubil.[4] Cuando menos se le esperaba, reaparecía cargado con su escopeta llena de ataduras y remiendos, trayendo en su compañía algún mozo aldeano de aspecto torpe y asustadizo que, de fuerza o de grado, venía a engrosar las filas. A la ida y a la vuelta solía recaer por el molino para enterarse de cómo iban las familias, que eran los nietos, y de las piedras que molían. Cierta tarde de verano llegó y hallólo todo en desorden. Atada a un poste de la parra, la molinera desdichábase y llamaba inútilmente a sus nietos, que habían huido a la aldea. El galgo aullaba, con una pata maltrecha[5] en el aire. La puerta estaba rota a culatazos,[6] y el grano y la harina alfombraban el suelo. Sobre la artesa se veían aún residuos del yantar[7] interrumpido, y en el corral la vieja hucha[8] de castaño revuelta y destripada . . . El cabecilla contempló tal desastre sin proferir una queja. Después de bien enterarse, acercóse a su mujer murmurando, con aquella voz desentonada y caótica de viejo sordo:

—¿Vinieron los negros?

—¡Arrastrados se vean!

—¿A qué horas vinieron?

—Podrían ser las horas de yantar. ¡Tanto me sobresalté, que se me desvanece el acuerdo!

—¿Cuántos eran? ¿Qué les has dicho?

La molinera sollozó más fuerte. En vez de contestar, desatóse en denuestos contra aquellos enemigos malos que tan gran destrozo hacían en la casa de un pobre que con nadie del mundo se metía. El marido la miró con sus ojos cobrizos de gallego desconfiado:

—¡Ay, demonio! ¡No eres tú la gran condenada que a mí me engaña! Tú les has dicho dónde está la partida.

Ella seguía llorando sin consuelo:

—¡Arrepara,[9] hombre, de qué hechura esos verdugos de Jerusalén me pusieron! ¡Atada mismamente como Nuestro Señor!

---

[4]**cubil**: sitio donde duermen los animales.

[5]**maltrecho**: maltratado.

[6]**culatazo**: golpe dado con la culata del arma.

[7]**del yantar**: de la comida.

[8]**hucha**: arca donde los labradores guardan cosas, alcancía.

[9]**¡Arrepara!**: prótesis de "repara"; fíjate.

El guerrillero repitió blandiendo furioso la escopeta:

—¡A ver cómo respondes, puñela![10] ¿Qué les has dicho?

—¡Pero considera, hombre!

Calló dando un gran suspiro, sin atreverse a continuar, tanto la imponía la faz arrugada del viejo. Él no volvió a insistir. Sacó el cuchillo, y cuando ella creía que iba a matarla, cortó las ligaduras, y sin proferir una palabra, la empujó obligándola a que le siguiese. La molinera no cesaba de gimotear:

—¡Ay! ¡Hijos de mis entrañas! ¿Por qué no había de dejarme quemar en unas parrillas antes de decir dónde estábades? Vos, como soles. Yo, una vieja con los pies para la cueva. Precisaba de andar mil años peregrinando por caminos y veredas para tener perdón de Dios. ¡Ay mis hijos! ¡Mis hijos!

La pobre mujer caminaba angustiada, enredados los toscos dedos de labradora en la mata cenicienta de sus cabellos. Si se detenía, mesándoselos y gimiendo, el marido, cada vez más sombrío, la empujaba con la culata de la escopeta, pero sin brusquedad, sin ira, como a vaca mansísima nacida en la propia cuadra, que por acaso cerdea.[11] Salieron de la era abrasada por el sol de un día de agosto, y después de atravesar los prados del Pazo de Melías,[12] se internaron en el hondo camino de la montaña. La mujer suspiraba:

—¡Virgen Santísima, no me desampares en esta hora!

Anduvieron sin detenerse hasta llegar a una revuelta donde se alzaba un retablo de ánimas. El cabecilla encaramóse sobre un bardal[13] y oteó[14] receloso cuanto de allí alcanzaba a verse del camino. Amartilló la escopeta, y tras de asegurar el pistón, se santiguó con lentitud respetuosa de cristiano viejo:

—Sabela, arrodíllate junto al Retablo de las Benditas.

La mujer obedeció temblando. El viejo se enjugó una lágrima:

—Encomiéndate a Dios, Sabela.

—¡Ay, hombre, no me mates! ¡Espera tan siquiera a saber si aquellas prendas padecieron mal alguno!

---

[10]**puñela**: diablos, rayos.

[11]**cerdear**: hacer sonidos roncos, ásperos.

[12]**Pazo de Melías**: casa solariega de la familia de los Melías.

[13]**bardal**: *thatched fence or wall.*

[14]**otear**: acechar; escudriñar; observar.

El guerrillero volvió a pasarse la mano por los ojos, luego descolgó del cinto el clásico rosario de cuentas de madera, con engaste de alambrillo dorado, y diósele a la vieja, que lo recibió sollozando. Aseguróse mejor sobre el bardal, y murmuró austero:

—Está bendito por el señor obispo de Orense, con indulgencia para la hora de la muerte.

Él mismo se puso a rezar con monótono y frío bisbiseo.[15] De tiempo en tiempo echaba una inquieta ojeada al camino. La molinera se fue poco a poco serenando. En el venerable surco de sus arrugas quedaban trémulas las lágrimas. Sus manos agitadas por temblequeteo[16] senil, hacían oscilar la cruz y las medallas del rosario. Inclinóse golpeando el pecho y besó la tierra con unción. El viejo murmuró:

—¿Has acabado?

Ella juntó las manos con exaltación cristiana:

—¡Hágase, Jesús, tu divina voluntad!

Pero cuando vio al terrible viejo echarse la escopeta a la cara y apuntar, se levantó despavorida y corrió hacia él con los brazos abiertos:

—¡No me mates! ¡No me mates, por el alma de . . .!

Sonó el tiro, y cayó en medio del camino con la frente agujereada. El cabecilla alzó de la arena ensangrentada su rosario de faccioso,[17] besó el crucifijo de bronce, y sin detenerse a cargar la escopeta huyó en dirección de la montaña. Había columbrado[18] hacía un momento, en lo alto de la trocha,[19] los tricornios[20] enfundados de los guardias civiles.[21]

Confieso que cuando el buen Urbino Pimentel me contó en Viana esta historia terrible, temblé recordando la manera violenta y feudal con que despedí en la Venta de Brandeso al antiguo faccioso, harto de acatar la voluntad solapada[22] y granítica de aquella esfinge tallada en viejo y lustroso roble.

---

[15]**bisbiseo**: *muttering; mumbling.*
[16]**temblequeteo**: temblor frecuente.
[17]**faccioso**: revolucionario.
[18]**columbrado**: vislumbrado, divisado.
[19]**trocha**: camino angosto.
[20]**tricornio**: sombrero de tres picos.
[21]**guardia civil**: policía española. Andaba en parejas y usaba tricornios.
[22]**solapado**: taimado y cauteloso.

Milón de la
Arnoya

Una tarde, en tiempo de vendimias, se presentó en el cercado de nuestra casa una moza alta, flaca, renegrida, con el pelo fosco[1] y los ojos ardientes, cavados en el cerco de las ojeras. Venía clamorosa y anhelando:

—¡Dadme amparo contra un rey de moros que me tiene presa! ¡Soy cautiva de un Iscariote![2]

Sentóse a la sombra de un carro desuncido[3] y comenzó a recogerse la greña. Después llegóse al dornajo[4] donde abrevaban los ganados y se lavó una herida que tenía en la sien. Serenín de Bretal, un viejo que pisaba la uva en una tinaja, se detuvo limpiándose el sudor con la mano roja del mosto:[5]

—¡Cativos de nos! Si has menester amparo clama a la justicia. ¿Qué amparo podemos darte acá? ¡Cativos de nos!

Suplicó la mujer:

---

[1]**fosco**: hosco; erizado y áspero.
[2]**Iscariote**: Judas; es decir, traidor.
[3]**desuncido**: carro sin bueyes o caballos.
[4]**dornajo**: trough.
[5]**mosto**: jugo de la uva sin fermentar.

—¡Vedme cercada de llamas! ¿No hay una boca cristiana que me diga las palabras benditas que me liberten del Enemigo?[6]

Interrogó una vieja:

—¿Tú no eres de esta tierra?

Sollozó la renegrida:

—Soy cuatro leguas arriba de Santiago. Vine a esta tierra por me poner a servir, y cuando estaba buscando amo caí con el alma en el cautiverio de Satanás. Fue un embrujo que me hicieron en una manzana reineta.[7] Vivo en pecado con un mozo que me arrastra por las trenzas. Cautiva me tiene, que yo nunca le quise, y sólo deseo verle muerto. ¡Cautiva me tiene con sabiduría de Satanás!

Las mujeres y los viejos se santiguaron con un murmullo piadoso, pero los mozos relincharon como chivos barbudos, saltando en las tinajas, sobre los carros de la vendimia, rojos, desnudos y fuertes. Gritó Pedro el Arnelo, de Lugar de Condes:

—¡Jujurujú! No te dejes apalpar[8] hacer las cosquillas, y verás como se te vuela el Enemigo.

Resonaron las risas alegres y bárbaras. Las mozas, un poco encendidas, bajaban la frente y mordían el nudo de sus pañuelos. Los mozos, en lo alto de los carros, renovaban los brincos y los aturujos,[9] pisando la uva. Pero de pronto cesó la fiesta. Mi abuela acababa de asomar en el patín,[10] arrastrando su pierna gotosa[11] y apoyada en el brazo de Micaela la Galana. Era Doña Dolores Saco, mi abuela materna, una señora caritativa y orgullosa, alta, seca y muy a la antigua. La moza renegrida se volvió hacia el patín con los brazos en alto:

—¡Concédame su amparo, noble señora!

A mi abuela le temblaba la barbeta.[12] Con un dejo autoritario interrogó:

—¡Qué amparo pides, moza?

—¡Contra un rey de moros! Vengo escapada de la cueva del monte, donde me tenía presa.

---

[6]**Enemigo**: diablo.

[7]**reineta**: una manzana agridulce.

[8]**apalpar**: prótesis de palpar, es decir tentar, tocar.

[9]**aturujos**: grito asturiano de reto; de origen celta.

[10]**patín**: *patio*.

[11]**gotosa**: que padece gota.

[12]**barbeta**: barba.

Micaela la Galana murmuró al oído de mi abuela:

—¡Parece privada,[13] Misia Dolores!

Y mi abuela levantó su lente de concha y tornó a interrogar, mirando a la moza:

¿A quién llamas tú rey de moros?

—¡Rey de moros talmente,[14] mi señora!

—Habla sin voces.

Gimió la renegrida:

—¡Me tiene cautiva con sabiduría de Satanás!

Intervino el viejo Serenín de Bretal:

—La señora quiere saber cómo se llama el mozo que te tiene en su dominio y de dónde es nativo.

La renegrida levantaba los brazos, temblorosa y ronca:

—Milón de la Arnoya. ¿Nunca tenéis oído de él? Milón de la Arnoya.

Milón de la Arnoya era un jayán[15] perseguido por la justicia, que vivía enfoscado[16] en el monte, robando por siembras y majadas.[17] En casa de mi abuela, cuando los criados se juntaban al anochecido para desgranar mazorcas, siempre salía el cuento de Milón de la Arnoya. Unas veces había sido visto en alguna feria, otras por caminos, otras, como el raposo, rondando alrededor de la aldea. Y Serenín de Bretal, que tenía un rebaño de ovejas, solía contar cómo robaba los corderos en las Gándaras de Barbanza. El nombre de aquel bigardo[18] perseguido por la justicia había puesto una sombra en todos los rostros. Solamente mi abuela tuvo una sonrisa desdeñosa:

—Ese malvado, si viene por ti, no habrá de llevarte. ¡Quedas recibida en mi casa, moza!

Se levantó un murmullo en loa de mi abuela. La renegrida dio las gracias humildemente y fue a sentarse al arrimo del patín, con la cabeza cubierta. A lo lejos resonaban las voces de la vendimia. Una larga hilera de carros venía por la calzada. Mozas descalzas y encendidas caminaban delante, animando la yunta de los bueyes dorados. Otras venían en las tinajas, las bocas llenas de cantos y de risas, teñidas

---

[13]**privada**: loca; forma familiar usada en León.

[14]**talmente**: de tal manera.

[15]**jayán**: persona de gran estatura y mucha fuerza.

[16]**enfoscado**: metido.

[17]**majada**: lugar donde se recoge de noche el ganado.

[18]**bigardo**: pícaro, astuto.

del zumo[19] de las uvas. Los carros entraron lentamente en el cercado. Detrás del último apareció un mendigo en harapos. Era velludo y fuerte. La renegrida, que tenía la cabeza cubierta, se levantó como si le hubiese adivinado. Temblaba lívida y sombría.

—¡Perverso, ciencia de brujos te encaminó a esta puerta! ¡No rías, boca de Satanás!

El hombre no se movió del umbral. Furtivo, tendió la vista en torno, y volviéndola a la tierra suspiró.

—Una sed de agua para un pobre que va de camino.

La renegrida gritó:

—Ese que vos habla es Milón de la Arnoya. ¡Ahí le tenéis! ¡De sed perezca, como un can rabioso,[20] Milón de la Arnoya!

Se habían acallado todas las voces. Las mujeres miraban al mendigo llenas de curioso sobresalto y los hombres con recelo. Algunos empuñaban las picas de acuciar[21] las yuntas.[22] En lo alto del patín, mi abuela, abandonando el brazo en que se apoyaba, habíase erguido, seca y enérgica, con la barbeta siempre temblona. Se oyó su voz autoritaria:

—Socorred a ese hombre, y que se vaya.

Milón de la Arnoya apenas levantó la frente obstinada:

—Misia Dolores, esa mujer es mi perdición. Ningún mal puede contar de mí. Habla la verdad de toda cosa, Gaitana.[23]

La renegrida se retorció los brazos:

—¡Arrenegado seas, tentador! ¡Arrenegado seas!

Los ojos hundidos y apagados de mi abuela se avivaron con una llama de cólera:

—Mozos, echad a ese malvado de mi puerta.

Remigio de Bealo y Pedro el Arnelo se dirigieron a la cancela[24] del cercado, pero el otro les contuvo hablando torvo[25] y plañidero:[26]

—¡Aguardad, que ya me voy! Más hermandad se ve entre los lobos que entre los hombres.

---

[19]**zumo**: líquido que se extrae de las hierbas, flores y frutas.

[20]**can rabioso**: *mad dog.*

[21]**acuciar**: estimular; dar prisa.

[22]**yuntas**: par de bueyes u otros animales que aran juntos.

[23]**Gaitana**: nombre propio; Cayetana.

[24]**cancela**: *iron grating.*

[25]**torvo**: airado, irritado.

[26]**plañidero**: lloroso.

Se alejó. La renegrida, derribada en tierra, se retorcía con la boca espumante, y las vendimiadoras la rodeaban, sujetándola para que no se desgarrase las ropas. Serenín de Bretal trajo agua del pozo. Micaela la Galana bajó con un rosario, y en aquel momento oyéronse grandes voces que daba en la calzada Milón de la Arnoya. Eran unas voces como alaridos de alimaña[27] montés, y la renegrida al oírla se levantó en medio del corro[28] de las mujeres, antes de que la hubiesen tocado con el rosario bendito. Espumante, ululante, mostrando entre jirones la carne convulsa, rompió por entre los carros de la vendimia y desapareció. Acudieron todos a la cancela y la vieron juntarse con Milón de la Arnoya. Después contaron que el forajido,[29] prendiéndola de las trenzas, se la llevó arrastrando a su cueva del monte, y algunos dijeron que se habían sentido en el aire las alas de Satanás. Yo solamente vi, cuando anocheció y salió la luna, un buho sobre un ciprés.

---

[27]**alimaña**: *animal*.
[28]**corro**: grupo de gente alrededor de una persona.
[29]**forajido**: *outlaw*.

Nochebuena

Era en la montaña gallega. Yo estudiaba entonces gramática latina con el señor Arcipreste de Céltigos, y vivía castigado en la rectoral.[1] Aún me veo en el hueco de una ventana, lloroso y suspirante. Mis lágrimas caían silenciosas sobre la gramática de Nebrija,[2] abierta encima del alféizar.[3] Era el día de Nochebuena, y el Arcipreste habíame condenado a no cenar hasta que supiese aquella terrible conjugación: "Fero, fers, ferre, tuli, latum."[4]

Yo, perdida toda esperanza de conseguirlo, y dispuesto al ayuno como un santo ermitaño, me distraía mirando al huerto, donde cantaba un mirlo[5] que recorría a saltos las ramas de un nogal centenario. Las nubes, pesadas y plomizas, iban a congregarse sobre la Sierra de Céltigos en un horizonte de agua, y los pastores, dando voces[6] a sus rebaños, bajaban presurosos por los caminos, encapuchados en sus capas de

---

[1] **rectoral**: casa del párroco.

[2] **Nebrija**: Antonio de Nebrija (1444–1522), autor de la primera gramática española (1492).

[3] **alféizar**: *embrasure of a door or window*.

[4] **Fero, fers ... latum**: (Latin) traigo, traes, traer, traje, habiendo sido traído.

[5] **mirlo**: *blackbird*.

[6] **dar voces**: gritar.

junco.[7] El arco iris cubría el huerto, y los nogales oscuros y los mirtos
verdes y húmedos parecían temblar en un rayo de anaranjada luz.
Al caer la tarde, el señor Arcipreste atravesó el huerto. Andaba encor-
vado bajo un gran paraguas azul. Se volvió desde la cancela, y vién-
dome en la ventana me llamó con la mano. Yo bajé tembloroso. Él
me dijo:

—¿Has aprendido eso? *Umbrella*

—No, señor.

—¿Por qué?

—Porque es muy difícil.

El señor Arcipreste sonrió bondadoso.

—Está bien. Mañana lo aprenderás. Ahora acompáñame a la iglesia.

Me cogió de la mano para resguardarme con el paraguas, pues
comenzaba a caer una ligera llovizna, y echamos camino adelante.
La iglesia estaba cerca. Tenía una puerta chata de estilo románico, y,
según decía el señor Arcipreste, era fundación de la Reina Doña
Urraca.[8] Entramos. Yo quedé solo en el presbiterio, y el señor Arcipreste pasó a la sacristía hablando con el monago,[9] recomendándole
que lo tuviese todo dispuesto para la misa del gallo.[10] Poco después
volvíamos a salir. Ya no llovía, y el pálido creciente de la luna comenzaba a lucir en el cielo triste e invernal. El camino estaba oscuro, era
un camino de herradura, pedregoso y con grandes charcos. De largo
en largo hallábamos algún rapaz aldeano que dejaba beber pacífica-
mente a la yunta cansada de sus bueyes. Los pastores que volvían
del monte trayendo los rebaños por delante, se detenían en las revueltas
y arreaban a un lado sus ovejas para dejarnos paso. Todos saludaban
cristianamente: *flock, herd*

—¡Alabado sea Dios!

—¡Alabado sea!

—Vaya muy dichoso el señor Arcipreste y la su compaña.

—¡Amén!

Cuando llegamos a la rectoral era noche cerrada. Micaela, la sobrina
del señor Arcipreste, trajinaba disponiendo la cena. Nos sentamos en

---

[7] **junco**: *bullrush*.

[8] **Doña Urraca**: reina de Asturias, murió en 1189.

[9] **monago**: monaguillo, muchacho que ayuda al cura en menesteres del altar.

[10] **misa del gallo**: la de la noche de Navidad.

la cocina al amor de la lumbre. Micaela me miró sonriendo:

—¿Hoy no hay estudio, verdad?

—Hoy, no.

—Arrenegados latines, ¿verdad?

—¡Verdad!

El señor Arcipreste nos interrumpió severamente:

—¿No sabéis que el latín es la lengua de la Iglesia . . .?

Y cuando ya cobraba aliento el señor Arcipreste para edificarnos con una larga plática llena de ciencia teológica, sonaron bajo la ventana alegres conchas[11] y bulliciosos panderos.[12] Una voz cantó en las tinieblas de la noche:

> ¡Nos aquí venimos,
> Nos aquí llegamos,
> Si nos dan licencia
> Nos aquí cantamos!

El señor Arcipreste les franqueó por sí mismo la puerta, y un corro de zagales invadió aquella cocina siempre hospitalaria. Venían de una aldea lejana. Al son de los panderos cantaron:

> *Falade ven baixo,*
> *Andades pasiño,*
> *Porque non desperte*
> *O noso meniño.*
>   *O noso meniño,*
> *O noso Jesús,*
> *Que durme nas pallas*
> *Sen verse e sen luz.*[13]

---

[11]**conchas**: sea shell.
[12]**panderos**: *tambourine.*
[13]Poesía en gallego:

> Hablad muy bajo,
> Andad sin ruido,
> Para que no despierte
> Nuestro Pequeño.
>
> Nuestro Pequeño,
> Nuestro Jesús,
> Que duerme en las pajas
> Sin albergue y sin luz.

Callaron un momento, y entre el júbilo de las conchas y de los panderos volvieron a cantar:

> *Si non fora porque teño*
> *Esta cara de aldeán,*
> *Déralle catro biquiños*
> *N'esa cara de mazán.*
>
> *Vamos de aquí par'a aldea*
> *Que xa vimos de ruar,*
> *Está Jesús a dormir*
> *E podémolo espertar.*[14]

Tras de haber cantado, bebieron largamente de aquel vino agrio, fresco y sano que el señor Arcipreste cosechaba, y refocilados[15] y calientes, fuéronse haciendo sonar las conchas y los panderos. Aún oíamos el chocleo[16] de sus madreñas[17] en las escaleras del patín, cuando una voz entonó:

> *Esta casa é de pedra*
> *O diaño ergueuna axiña,*
> *Para que durmixen xuntos*
> *O Alcipreste e sua sobriña.*[18]

Al oir la copla, el señor Arcipreste frunció el ceño. Micaela enderezóse colérica, y abandonando el perol[19] donde hervía la clásica compota de manzanas, corrió a la ventana dando voces:

---

[14]
> Si no fuera porque tengo
> Esta cara de aldeano,
> Le daría cuatro besitos
> En esa cara de manzana.
>
> Vámonos de aquí para la aldea,
> Que ya venimos de caminar,
> Está Jesús dormido
> Y lo podemos despertar.

[15]**refocilado**: *exhilarated, cheered.*

[16]**chocleo**: ruido o golpeteo de los zapatos de madera al andar con ellos.

[17]**madreñas**: zapatos de madera usados en Galicia y Asturias.

[18]
> Esta casa es de piedra,
> El diablo la hizo así,
> Para que durmieran juntos
> El arcipreste y su sobrina.

[19]**perol**: *kettle.*

—¡Mal hablados!... ¡Mal enseñados!... ¡Así vos salgan al camino lobos rabiosos!

El señor Arcipreste, sin desplegar los labios, se paseaba picando un cigarro con la uña y restregando el polvo entre las palmas. Al terminar llegóse al fuego y retiró un tizón, que le sirvió de candela. Entonces fijó en mí sus ojos enfoscados bajo las cejas canas y crecidas. Yo temblé. El señor Arcipreste me dijo:

—¿Qué haces? Anda a buscar el Nebrija.

Salí suspirando. Así terminó mi Nochebuena en casa del señor Arcipreste de Céltigos. Q.E.S.G.H.[20]

---

[20]Q.E.S.G.H.: ¡Qué eterna santa gloria haya!

Prosa Dialogada y Drama

El marqués de Bradomín es una de las creaciones máximas de Valle-Inclán. Lo pinta el autor como un romántico incurable, galante y decadente en el otoño de su vida.

La obra, una adaptación de Sonata de otoño, fue escrita en 1906. Usa forma dialogada y lleva el subtítulo de "Coloquios románticos", coloquios que se verifican entre Concha y el marqués. La obra consta de tres jornadas y la última escena alcanza un patetismo pocas veces logrado en las letras castellanas. El estilo modernista evoca el tono empleado en las sonatas.

El marqués de Bradomín

Jornada Segunda

El sol poniente dora los cristales del mirador. Es un mirador tibio y fragante. Gentiles arcos cerrados por vidrieras de colores le flanquean con ese artificio del siglo galante, que imaginó las pavanas y las gavotas.[1] En cada arco las vidrieras forman tríptico,[2] y puede verse el jardín en medio de una tormenta, en medio de una nevada y en medio de un aguacero.[3] Aquella tarde el sol de otoño penetra hasta el centro, triunfante, como la lanza de un arcángel. El Marqués de Bradomín lee un libro. Florisel, con la montera entre ambas manos, asoma en la puerta.

FLORISEL. ¿Da su permiso?

EL MARQUÉS DE BRADOMÍN. Adelante.

FLORISEL. Dice la señorita, mi ama, que me mande en cuanto se le ofrezca.

EL MARQUÉS DE BRADOMÍN. ¿Tú sirves aquí en el palacio?

FLORISEL. Sí, señor.

EL MARQUÉS DE BRADOMÍN. ¿Hace mucho tiempo?

FLORISEL. Va para dos años.

EL MARQUÉS DE BRADOMÍN. ¿Y qué haces?

FLORISEL. Pues hago todo lo que mandan.

EL MARQUÉS DE BRADOMÍN. ¡Pareces un filósofo estoico![4]

FLORISEL. Y puede que lo parezca, sí, señor.

EL MARQUÉS DE BRADOMÍN. ¿Fue la señorita quien te ha mandado venir?

---

[1] **pavanas y las gavotas**: bailes de movimientos graves.

[2] **tríptico**: pintura, grabado o relieve en tres hojas unidas que puedan doblarse sobre la del centro.

[3] **aguacero**: *downpour*.

[4] **filósofo estoico**: filósofo griego que pretendía indiferencia al dolor y al placer.

FLORISEL. Sí, señor. Hallábame yo en la solana adeprendiéndole la riveirana[5] a los mirlos nuevos, que los otros ya la tienen bien adeprendida, cuando la señorita bajó al jardín y me mandó venir.

EL MARQUÉS DE BRADOMÍN. ¿Tú aquí eres el maestro de los mirlos?

FLORISEL. Sí, señor.

EL MARQUÉS DE BRADOMÍN. ¿Y ahora, además, eres mi paje?

FLORISEL. Sí, señor.

EL MARQUÉS DE BRADOMÍN. ¡Altos cargos!

FLORISEL. Sí, señor.

EL MARQUÉS DE BRADOMÍN. ¿Y cuántos años tienes?

FLORISEL. Paréceme, paréceme que han de ser doce, pero no estoy cierto.

EL MARQUÉS DE BRADOMÍN. Antes de venir al palacio, ¿dónde estabas?

FLORISEL. Servía en la casa de Don Juan Manuel Montenegro, que es tío de la señorita.

EL MARQUÉS DE BRADOMÍN. ¿Y qué hacías allí?

FLORISEL. Allí enseñaba al hurón.[6]

EL MARQUÉS DE BRADOMÍN. ¡Otro cargo palatino![7]

FLORISEL. Sí, señor.

EL MARQUÉS DE BRADOMÍN. ¿Y cuántos mirlos tiene la señorita?

FLORISEL. Tan siquiera[8] uno. Son míos . . . Cuando los tengo bien adeprendidos se los vendo.

EL MARQUÉS DE BRADOMÍN. ¿A quién se los vendes?

FLORISEL. Pues a la señorita, que me los merca[9] todos. ¿No sabe que los quiere para echarlos a volar? La señorita desearía que silbasen la riveirana sueltos en el jardín; pero ellos se van lejos. Un domingo, por el mes de San Juan,[10] venía yo acompañando a la señorita. Pasados los prados de Lantañón, vimos un mirlo que, muy puesto en las ramas de un cerezo, estaba cantando la riveirana. Acuérdome que entonces dijo la señorita: "Míralo, adónde se ha venido el caballero."

---

[5]**adeprendiéndole la riveirana**: enseñándole una canción.

[6]**hurón**: *ferret*.

[7]**palatino**: relativo al palacio.

[8]**tan siquiera**: solamente.

[9]**merca**: compra.

[10]**San Juan**: el mes de junio, porque es cuando ocurre la fiesta de San Juan.

EL MARQUÉS DE BRADOMÍN. Es una historia digna de un romance. Tú mereces ser paje de una reina y cronista de un reinado.

FLORISEL. Hace falta suerte, que yo no tengo.

EL MARQUÉS DE BRADOMÍN. Di, ¿qué es más honroso, enseñar hurones o mirlos?

FLORISEL. Todo es igual.

EL MARQUÉS DE BRADOMÍN. ¿Y cómo has dejado el servicio de Don Juan Manuel Montenegro?

FLORISEL. Porque ya tiene muchos criados. ¡Qué gran caballero es Don Juan Manuel! Dígole que en el Pazo todos los criados le tenían miedo. Don Juan Manuel es mi padrino, y fue quien me trujo[11] al palacio para que sirviese a la señorita.

EL MARQUÉS DE BRADOMÍN. ¿Y dónde te iba mejor?

FLORISEL. Al que sabe ser humilde, en todas partes le va bien.

EL MARQUÉS DE BRADOMÍN. ¡Es una réplica calderoniana![12] También sabes decir sentencias! Ya no puede dudarse de tu destino. Has nacido para vivir en un palacio, educar mirlos, amaestrar hurones, ser ayo de un príncipe y formar el corazón de un gran rey.

FLORISEL. Para eso, además de suerte, hacen falta muchos estudios.

> Por la avenida de mirtos llega una sombra blanca. Sus manos de fantasma tocan en los cristales del mirador. El jardín se esfuma en la vaga luz del crepúsculo. Los cipreses y los laureles cimbrean[13] con augusta melancolía sobre las fuentes abandonadas. Algún tritón[14] cubierto de hojas borbotea[15] a intervalos su risa quimérica, y el agua tiembla en la sombra con latido de vida misteriosa y encantada. Se oye una risa de plata que parece timbrarse[16] con el rumor de la fuente.

LA DAMA. ¿Tienes ahí a Florisel?

EL MARQUÉS DE BRADOMÍN. ¿Florisel es el paje?

LA DAMA. Sí.

---

[11]**trujo**: forma araica de trajo.

[12]**réplica calderoniana**: manera sentenciosa de contestar en el estilo usado por Pedro Calderón de la Barca (1600–1681), dramaturgo español del Siglo de Oro.

[13]**cimbrear**: *to sway.*

[14]**tritón**: deidad marina mitológica con cuerpo de hombre y cola de pez.

[15]**borbotear**: *to bubble.*

[16]**timbrarse**: sonar.

El Marqués de Bradomín. Parece bautizado por las hadas.

La Dama. Yo soy su madrina.

Florisel. ¿Qué me mandaba?

La Dama. Que subas estas rosas. Todas son para ti, Xavier.

> La sombra, que se esfuma de los cristales, muestra su falda
> donde las rosas desbordan como el fruto ideal de unos amores
> que sólo floreciesen en los besos.

El Marqués de Bradomín. Estás desnudando el jardín.

La Dama. Algunas se han deshojado. ¡Míralas, qué lástima!

El Marqués de Bradomín. Es el otoño que llega.

La Dama. ¡Ah, qué fragancia!

> Hunde en aquella frescura aterciopelada[17] sus mejillas pálidas,
> y alza la cabeza y respira con delicia, cerrando los ojos y son-
> riendo, cubierto el rostro de rocío, como otra rosa, una rosa
> blanca. A modo de lluvia, arroja sobre el Marqués de Bradomín
> las rosas deshojadas en su falda.

El Marqués de Bradomín. Volveremos a recorrer juntos el jardín
y el palacio.

La Dama. Como en otro tiempo, cuando éramos niños.

El Marqués de Bradomín. ¡Hermosos y lejanos recuerdos!

La Dama. Cuando te fuiste, yo elegí este retiro para toda mi vida.

El Marqués de Bradomín. Es más poético que un convento.

La Dama. No te burles de mi pena, Xavier.

El Marqués de Bradomín. No me burlo, Concha. Solamente me
sonrío, y una sonrisa es a veces más triste que las lágrimas.

La Dama. Yo sé eso. En esta hora de la tarde el jardín parece lleno
de recogimiento.

El Marqués de Bradomín. El jardín y el palacio tienen esa vejez
señorial y melancólica de los lugares por donde en otro tiempo pasó
la vida amable de la galantería y del amor. Bajo la fronda del laberinto,
sobre las terrazas y en los salones, han florecido las risas y los madri-
gales, cuando las manos blancas que en los viejos retratos sostienen
apenas los pañolitos[18] de encaje iban deshojando las margaritas que
guardan el cándido secreto de los corazones.

---

[17]**aterciopelada**: *velvety*.

[18]**pañolito**: *lace handkerchief*.

LA DAMA. ¡Mis manos también las han deshojado!

EL MARQUÉS DE BRADOMÍN. Y las hojas, al volar, te han dicho cuánto yo te quería.

LA DAMA. Me han engañado.

EL MARQUÉS DE BRADOMÍN. ¡Divinas manos de Dolorosa![19]

LA DAMA. Manos de muerta.

EL MARQUÉS DE BRADOMÍN. Manos de princesa encantada, que han de guiarme en una amorosa peregrinación a través del palacio y del jardín.

LA DAMA. Como en otro tiempo, cuando yo te guiaba para que jugásemos, unas veces en la torre, otras en la biblioteca, otras en aquel mirador ya derruido[20] que daba sobre las tres fuentes. ¡Tiempos aquéllos en que nuestras risas locas y felices turbaban el recogimiento del palacio y se desvanecían por los corredores oscuros, por los salones, por las antesalas!

EL MARQUÉS DE BRADOMÍN. Y al abrirse lentamente las puertas de floreados herrajes,[21] exhalábase del fondo de los salones el aroma lejano de otras vidas.

LA DAMA. ¡Tú también te acuerdas! ¿Y te acuerdas de un salón que tiene de corcho el estrado?[22] Allí nuestras pisadas no despertaban rumor alguno.

EL MARQUÉS DE BRADOMÍN. En el fondo de los espejos el salón se prolongaba hasta el ensueño, como en un lago encantado, y los personajes de los retratos parecían vivir olvidados en una paz de siglos.

LA DAMA. ¿Te acuerdas? ¿Y te acuerdas cuando nos cogíamos de la mano para saltar delante de las consolas[23] y ver los floreros cargados de rosas, y los fanales[24] adornados con viejos ramajes, y los candelabros? . . .

EL MARQUÉS DE BRADOMÍN. ¡También me acuerdo, Concha! Mi alma está cubierta de recuerdos como ese viejo jardín está cubierto de hojas. Es el otoño que llega para todos. Concha, tú sonríes, y en tu

---

[19]**Dolorosa**: manos delicadas como representadas en pinturas o estatuas de la Virgen de los Dolores.

[20]**derruido**: en ruinas.

[21]**floreados herrajes**: *decorative iron trimming.*

[22]**de corcho el estrado**: *the platform of cork.*

[23]**consola**: mesa.

[24]**fanal**: farol o linterna.

sonrisa siento el pasado como un aroma entrañable[25] de flores marchitas que trae alegres y confusas memorias.

> Hay un silencio. En la penumbra de la tarde las voces apagadas tienen un profundo encanto sentimental, y en la oscuridad crece el misterio de los rostros y de las sonrisas. Lentamente la dama alza su mano diáfana como mano de fantasma y toca la mano del Marqués de Bradomín.

LA DAMA. ¿En qué piensas, Xavier?

EL MARQUÉS DE BRADOMÍN. En el pasado, Concha.

LA DAMA. Tengo celos de él.

EL MARQUÉS DE BRADOMÍN. Es el pasado de nuestros amores.

LA DAMA. ¡Qué triste pasado! Fue allá, en el fondo del laberinto, donde nos dijimos adiós.

EL MARQUÉS DE BRADOMÍN. Y, como ahora, los tritones de la fuente borboteaban su risa, aunque entonces tal vez nos haya parecido que lloraban.

LA DAMA. Todo el jardín estaba cubierto de hojas, y el viento las arrastraba delante de nosotros con un largo susurro. Las últimas rosas de otoño empezaban a marchitarse y esparcían ese aroma indeciso que tiene la melancolía de los recuerdos. Nos sentamos en un banco de piedra. Ante nosotros se abría la puerta del laberinto, y un sendero, un solo sendero, ondulaba entre los mirtos como el camino de una vida solitaria y triste. ¡Mi vida desde entonces!

EL MARQUÉS DE BRADOMÍN. ¡Nuestra vida!

LA DAMA. Y todo permanece lo mismo, y sólo nosotros hemos cambiado.

EL MARQUÉS DE BRADOMÍN. No hemos podido ser como los tritones de la fuente, que en el fondo del laberinto aún ríen, con su risa de cristal, sin alma y sin edad.

LA DAMA. Te escribí que vinieses, porque entre nosotros ya no puede haber más que un cariño ideal . . . Y, enferma como estoy, deseaba verte antes de morir. Y ahora me parece una felicidad estar enferma. ¿No lo crees? Es que tú no sabes cómo yo te quiero.

> Exhala las últimas palabras como si fuesen suspiros, y con una mano se cubre los ojos. El Marqués de Bradomín besa aquella

---

[25]**entrañable**: íntimo, muy querido.

mano sobre el rostro y después la aparta dulcemente. Los ojos, los hermosos ojos de enferma, llenos de amor, le miran sin hablar, con una larga mirada. Por la vieja avenida de mirtos, que parece flotar en el rosado vapor del ocaso, se ve venir al señor Abad de Brandeso.

EL ABAD. ¡Vamos, *Carabel*! ¡Vamos, *Capitán*!

LA DAMA. Aquí tenemos al Abad de Brandeso.

EL ABAD. Saludo a mi ilustre feligresa[26] y al no menos ilustre Marqués de Bradomín.

EL MARQUÉS DE BRADOMÍN. Señor Abad, cuántos años sin vernos. Yo le hacía a usted cuando menos canónigo.[27]

EL ABAD. De esta manera se hacen, señor Marqués.

EL MARQUÉS DE BRADOMÍN. Y los papas también.

EL ABAD. Los papas, yo no diré tanto. ¡Quieto, *Carabel!* ¡Quieto, *Capitán!*

EL MARQUÉS DE BRADOMÍN. Y qué, ¿hay todavía muchas perdices por esta tierra?

EL ABAD. Todavía hay algunas.

EL MARQUÉS DE BRADOMÍN. Usted siempre tan incansable cazador.

EL ABAD. Ya no soy aquel que era. Los años quebrantan peñas.[28] Cuatro anduve por las montañas de Navarra con el fusil al hombro, y hoy me canso apenas salgo a dar un paseo con la escopeta y los perros. ¿Y qué se ha hecho el señor Marqués durante tantos años por esas tierras extranjeras? ¿Cómo no ha pensado en escribir un libro de sus viajes?

EL MARQUÉS DE BRADOMÍN. Ya escribo mis memorias.

EL ABAD. ¿Serán muy interesantes?

LA DAMA. Lo más interesante no lo dirá.

EL MARQUÉS DE BRADOMÍN. Digo sólo mis pecados.

EL ABAD. De nuestro illustre Marqués se cuentan cosas verdaderamente extraordinarias. Las confesiones, cuando son sinceras, encierran siempre una gran enseñanza: Recordemos las de San Agustín.[29]

EL MARQUÉS DE BRADOMÍN. Yo no aspiro a enseñar, sino a divertir,

---

[26]**feligresa**: persona que pertenece a una parroquia.

[27]**le hacía . . . menos canónigo**: "*I thought you were at least a canon.*"

[28]**Los años quebrantan peñas**: Con el tiempo todo pasa.

[29]**San Agustín**: Padre de la Iglesia (354–430) y autor de *Confesiones*, obra de mucho renombre.

señor Abad. Toda mi doctrina está en una sola frase: ¡Viva la bagatela![30] Para mí, la mayor conquista de la humanidad es haber aprendido a sonreir.

LA DAMA. Yo creo que habremos sonreído siempre.

EL MARQUÉS DE BRADOMÍN. Es una conquista. Durante muchos siglos los hombres fueron absolutamente serios. En la Historia hay épocas enteras en las cuales no se recuerda ni una sola sonrisa célebre. En la Biblia, Jehová no sonríe, y los patriarcas y los profetas tampoco.

EL ABAD. Ni falta que les hacía. Los patriarcas y los profetas por seguro que no habrían dicho "¡Viva la bagatela!", como nuestro ilustre Marqués.

EL MARQUÉS DE BRADOMÍN. Y, en cambio, cuando llegaba la ocasión, cantaban, bailaban y tocaban el arpa.[31]

EL ABAD. Señor Marqués de Bradomín, procure usted no condenarse por bagatela.

LA DAMA. En el infierno debió haberse sonreído siempre. ¿No se dice sonrisa mefistofélica?

EL MARQUÉS DE BRADOMÍN. El diablo ha sido siempre un ser superior.

EL ABAD. No le admiremos demasiado, señor Marqués. Ése es el maniqueísmo.[32] Ya se me alcanza[33] que usted adopta ese hablar ligero para ocultar mejor sus propósitos.

EL MARQUÉS DE BRADOMÍN. ¿Mis propósitos?

EL ABAD. La misión secreta que trae del Rey nuestro señor.

EL MARQUÉS DE BRADOMÍN. ¿Una misión secreta? ¿De veras sospecha usted eso?

EL ABAD. Y conmigo, muchos. Yo comprendo que ciertas negociaciones deben ser reservadas; pero a fe que no creía que eso rezase[34] con un viejo veterano.

EL MARQUÉS DE BRADOMÍN. Pero ¡señor Abad! ¿Cómo imagina usted que yo ande en una aventura tan loca?

---

[30]**bagatela**: cosa insignificante.

[31]**bailaban y tocaban el arpa**: alusión bíblica a David que bailó y tocó el arpa ante el arca.

[32]**maniqueísmo**: doctrina que admitía dos principios creadores, uno para el bien y otro para el mal.

[33]**ya se me alcanza**: ya entiendo, ya comprendo.

[34]**rezar**: contar.

La Dama. Por lo mismo que es loca.

El Abad. ¿No sigue usted fiel a la Causa?

El Marqués de Bradomín. Sí.

El Abad. Pues estonces . . .

El Marqués de Bradomín. Señor Abad, yo soy carlista[35] por estética. El carlismo tiene para mí la belleza de las grandes catedrales.
Me contentaría con que lo declarasen monumento nacional.

El Abad. Confieso que no conocía esa clase de carlistas.

El Marqués de Bradomín. Los carlistas se dividen en dos grandes
bandos: uno, yo, y el otro, los demás.

La Dama. ¡Uno, tú!

El Marqués de Bradomín. Y tú . . .

El Abad. Señor Marqués, usted está tocado de ese terrible gusano
de la burla. ¡Volterianismos![36] ¡Volterianismos de la Francia! Palabra
de honor, señor Marqués, ¿no trae usted una misión del Rey?

El Marqués de Bradomín. Palabra de honor, señor Abad, no la
traigo.

El Abad. Sin duda, tienen razón los que dicen que el Abad de Brandeso es un iluso.

> Sonríe tristemente el blanco fantasma de la enferma. Se
> aparece allá en el fondo del mirador, con las manos cruzadas.
> Mira hacia el camino, un camino aldeano, solitario y luminoso,
> bajo el sol que muere. Con romántica fatiga levanta su mano
> de sombra y señala a lo lejos.

La Dama. Xavier, mira allá un jinete.

El Marqués de Bradomín. No veo nada.

La Dama. Ahora pasa La Fontela.

El Marqués de Bradomín. Sí, ya le veo.

La Dama. Es el tío Don Juan Manuel.

El Marqués de Bradomín. ¡El magnífico hidalgo del Pazo de
Lantañón!

La Dama. ¡Pobre señor! Estoy segura que viene a verte.

---

[35]**carlista**: partidario de los derechos que don Carlos María Isidro de Borbón
y sus descendientes han alegado a la corona de España.

[36]**volterianismos**: espíritu de incredulidad o impiedad manifestado con burla o
cinismo, análogo a la filosofía de Voltaire, escritor francés del siglo XIII.

EL MARQUÉS DE BRADOMÍN. Se ha detenido y nos saluda quitándose el chambergo.[37]

> La figura del hidalgo se alza en medio del camino con el montecristo[38] flotante. El caballo relincha noblemente y el viento mueve sus crines venerables. Es un caballo viejo, prudente, reflexivo y grave como un pontífice. Don Juan Manuel se levanta sobre los estribos y deja oír su voz de tronante fanfarria[39] que despierta un eco lejano.

DON JUAN MANUEL. ¡Sobrina! ¡Sobrina! Manda abrir la cancela del jardín.

LA DAMA. Xavier, dile tú que ya van.

EL MARQUÉS DE BRADOMÍN. ¡Ya van! ¡Ya van!... No me ha oído.

EL ABAD. El privilegio de hacerse entender a tal distancia es suyo no más.

EL MARQUÉS DE BRADOMÍN. ¡Ya van!

LA DAMA. Calla, porque jamás confesará que te oye.

EL MARQUÉS DE BRADOMÍN. ¡Ya van!

EL ABAD. Es inútil.

LA DAMA. Míralo, se inclina acariciando el cuello del caballo.

DON JUAN MANUEL. ¡Sobrina! ¡Sobrina!

EL MARQUÉS DE BRADOMÍN. ¡Es magnífico!

LA DAMA. Vuelve el caballo hacia el camino, y se va...

EL ABAD. Sin duda le ha parecido que no acudían a franquearle[40] la entrada con toda la presteza requerida.

DON JUAN MANUEL. ¡Sobrina! No puedo detenerme... Voy a Viana del Prior... Tengo que apalear a un escribano.

EL MARQUÉS DE BRADOMÍN. ¡De veras que es magnífico! Ya le tenía casi olvidado. ¡Y qué arrogante, a pesar de los años!

EL ABAD. Se conserva como cuando servía en la Guardia Noble de la Real Persona.

LA DAMA. Y si supieses qué existencia arrastra. Está casi en la miseria.

---

[37]**chambergo:** sombrero de copa más o menos acampanado y de ala ancha levantada por un lado.

[38]**montecristo:** cierto tipo de abrigo de hombre.

[39]**fanfarria:** jactancia.

[40]**franquearle:** abrirle.

EL ABAD. Pero es siempre un gran señor. Vive rodeado de criados que no puede pagar, haciendo la vida de todos los mayorazgos[41] campesinos. Chalaneando[42] en las ferias, jugando en las villas y sentándose a la mesa de los curas en todas las fiestas.

LA DAMA. Desde que yo habito en este destierro es frecuente verle aparecer. . . .

EL ABAD. También hace sus visitas a la rectoral. Ata su caballo a la puerta y éntrase dando voces. Se hace servir vino y bebe hasta dormirse en el sillón. Cuando se despierta, sea día o noche, pide el caballo, y dando cabeceos[43] sobre la silla, se vuelve a su Pazo de Lantañón.

EL MARQUÉS DE BRADOMÍN. Don Juan Manuel Montenegro es el último superviviente de una gran raza.

EL ABAD. Sí que lo es.

EL MARQUÉS DE BRADOMÍN. Hermano espiritual de aquellos aventureros hidalgos que se enganchaban en los tercios de Flandes o de Italia por buscar lances[44] de amor, de espada y de fortuna.

LA DAMA. Tú también eres de aquéllos.

EL MARQUÉS DE BRADOMÍN. Yo pude serlo, si no hubiera tenido la manía de leer. Los muchos libros son como los muchos desengaños: no dejan nada en el corazón.

LA DAMA. Dejan al menos los recuerdos, porque tú estás aquí.

EL ABAD. ¡Carabel! ¡Capitán!

LA DAMA. ¿Nos abandona usted, señor Abad?

EL ABAD. Por breves momentos, contando con su venia.[45] Esta visita no es solamente para saludar a nuestro ilustre Marqués, lo es también para tomar un libro que recuerdo haber visto en la biblioteca del Palacio: *El Florilegio de Nuestra Señora*, una colección de sermones. Tengo encargo de predicar en la fiesta de Santa María de Andrade, que este año se celebra con gran solemnidad.

LA DAMA. La biblioteca entera está a su disposición.

EL ABAD. ¡Gracias! ¡Mil gracias!

---

[41]**mayorazgo**: primogénito.

[42]**chalanear**: negociar, comerciar con maña.

[43]**dando cabeceos**: *nodding*.

[44]**enganchaban . . . buscar lances**: *enlisted in the armies of Flanders or Italy to look for adventures.*

[45]**venia**: licencia; permiso.

El Abad sale seguido de sus galgos como de los acólitos,[46] y en el corredor, ya oscuro, se desvanecen el balandrán[47] y el cloqueo[48] campesino de sus zuecos. Un reloj de cuco da las seis.

El Marqués de Bradomín. Ese reloj, sin duda, acuerda el tiempo del fundador.

La Dama. ¡Qué temprano anochece! Las seis todavía.

El Marqués de Bradomín se acerca a la sombra romántica que se destaca sobre el fondo luminoso de una vidriera, y en silencio le besa la mano. Se oye un tenue suspirar.

---

[46]**acólito**: monacillo; ayudante clerical.
[47]**balandrán**: vestidura de clérigos.
[48]**cloqueo**: *clomping*.

Tablado de marionetas fue recopilado en 1926 y reune tres farsas: "Farsa italiana de la enamorada del rey"; "Farsa y licencia de la reina castiza"; y la que aparece enseguida, "Farsa infantil de la cabeza del dragón". La obra es una deformación sistemática de la comedia, reduciéndola a una farsa esperpéntica. Combina la fantasía y lo irreal de los cuentos de hadas con un realismo despiadado y cruel. Como subtítulo lleva la indicación intencionada "Para educación de príncipes". La obra, que no pretende ser didáctica, es "espejo cóncavo" de la comedia humana.

Farsa infantil de la cabeza del dragón

PERSONAJES[1]

> La Señora Infantina
> El Príncipe Verdemar
> El Duende
> El Príncipe Ajonjolí
> El Príncipe Pompón
> El Gran Rey Mangucián
> Señora Reina
> El Primer Ministro
> Un Ventero
> Un Bufón
> Una Maritornes
> Un Ciego
> Un Bravo
> La Geroma
> El General Fierabrás

---

[1]Los personajes tienen nombres de algunos de los personajes que figuran en *Don Quixote*.

Un Pregonero
El Rey Micomicón
El Maestro de Ceremonias
Una Duquesa y Un Chambelán
Coro de Damas y Galanes

Escena Primera

Tres príncipes donceles juegan a la pelota en el patio de armas de un castillo muy torreado,[2] como aquellos de las aventuras de Orlando: Puede ser de diamante, de bronce o de niebla. Es un castillo de fantasía, como lo saben soñar los niños. Tiene grandes muros cubiertos de hiedra, y todavía no ha sido restaurado por los arquitectos del Rey. ¡Alabemos a Dios!

El Príncipe Ajonjolí. ¿Habéis advertido, hermanos, cómo esta pelota bota y rebota? Cuando la envío a una parte, se tuerce a la contraria.

El Príncipe Verdemar. ¡Parece que llevase dentro a un diablo enredador![3]

El Príncipe Pompón. ¡Parece haberse vuelto loca!

El Príncipe Verdemar. ¡Antes sería preciso que esa bola llena de aire fuese capaz de tener juicio alguna vez!

El Príncipe Pompón. ¿Por qué lo dudas? ¿Porque está llena de aire? El aire, el humo y el vacío son los tres elementos en que viven más a gusto los sabios.

El Príncipe Ajonjolí. ¡Bien dice el Príncipe Pompón! ¿No vemos al Primer Ministro del Rey nuestro padre? ¡Unos dicen que tiene la cabeza llena de humo! ¡Otros, que de aire! ¡Y otros, que vacía!

El Príncipe Pompón. ¡Y, sin embargo, todas las gacetas ponderan sus discursos y pregonan que es un sabio, Príncipe Ajonjolí! El Rey nuestro padre le confía el gobierno de sus Estados.

El Príncipe Verdemar. Pero ya sabéis lo que dice la Reina nuestra madre, cuando le repela las barbas[4] al Rey nuestro padre: ¡Una casa

---

[2]**torreado**: con muchas torres.

[3]**enredador**: *mischievous*.

[4]**cuando le repela las barbas**: cuando le contesta.

no se gobierna como un reino! ¡Una casa requiere mucha cabeza! Y el Rey nuestro padre le da la razón.

El Príncipe Ajonjolí. Porque es un bragazas.[5] Pero el Primer Ministro no se la da, y dice que todas las mujeres, reinas o verduleras,[6] son anarquistas.

El Príncipe Verdemar. Vamos a terminar el partido.

El Príncipe Pompón. No se puede con esta pelota. Está de remate.[7] ¡Mirad qué tumbos!

El Príncipe Ajonjolí. Tú eres quien está de remate. La has metido por la ventana del torreón.

El Príncipe Verdemar. Voy a buscarla.

El Príncipe Ajonjolí. Está cerrada la puerta, Príncipe Verdemar.

El Príncipe Verdemar. ¿Dónde está la llave, Príncipe Ajonjolí?

El Príncipe Ajonjolí. La Reina la lleva colgada de la cintura.

> Se oye la voz de un duende que canta con un ritmo sin edad, como las fuentes y los pájaros, como el sapo y la rana. Los ecos del castillo arrastran la canción, y en lo alto de las torres las cigüeñas escuchan con una pata en el aire. La actitud de las cigüeñas anuncia a los admiradores de Ricardo Wagner.

Duende.

> ¡Dame libertad,
> paloma real!
> ¡Palomita que vuelas tan alto,
> sin miedo del gavilán!

El Príncipe Verdemar. ¿Quién canta en el torreón? ¡No conozco esa voz!

El Príncipe Ajonjolí. Un duende del bosque, Mingo Mingote el jardinero lo cazó con un lazo, y hoy lo presentó como regalo a nuestro padre el Rey.

El Príncipe Pompón. Yo nunca vi duendes, ni tampoco creí que

---

[5] bragaza: hombre que se deja dominar por las mujeres.
[6] verdulera: mujer que vende verduras.
[7] remate: sin remedio.

los hubiese. Los duendes, las brujas, los trasgos,[8] las hechicerías,[9] ya no son cosa de nuestro tiempo, hermanos míos. Ése que el jardinero ha cazado en el bosque no será duende.

El Príncipe Ajonjolí. Yo lo vi, y tiene de duende toda la apariencia, Príncipe Pompón.

El Príncipe Pompón. ¡Mucho engañan los ojos, Príncipe Ajonjolí!

> El Duende asoma la cabeza entre dos almenas.[10] Tiene cara de viejo: Lleva capusay de teatino,[11] y parece un mochuelo[12] con barbas, solamente que bajo las cejas, grandes y foscas, guiña los ojos con mucha picardía, y a los lados de la frente aún tiene las cicatrices de los cuernos con que le vieron un día los poetas en los bosques de Grecia.

El Duende. Ábreme la puerta de mi cárcel, primogénito del Rey, Príncipe Pompón, y serás feliz en tu reinado. La gracia que me pidas, ésa te daré.

El Príncipe Pompón. Devuélveme la pelota y te abriré la puerta.

El Duende. ¿Me lo juras?

El Príncipe Pompón. Mi palabra es de Rey.

El Duende. Ahí va la pelota.

El Príncipe Pompón. ¡Gracias!

El Duende. Dame la libertad.

El Príncipe Pompón. No puedo.

El Duende. ¿Y tu palabra, Príncipe Pompón?

El Príncipe Pompón. Mi palabra no es una llave.

El Duende. Ni tu fe de Rey.

> Desaparece El Duende haciendo una cabriola.[13] Vuelve a oírse su canción, y las cigüeñas cambian de pata, para descansar antes de caer en el éxtasis musical.

El Príncipe Pompón. Vamos a jugar, hermanos.

El Príncipe Verdemar. Yo salgo el primero.

---

[8]**trasgo**: duende.

[9]**hechicería**: encanto de brujas.

[10]**almenas**: fortificaciones sobre las murallas de un castillo.

[11]**capusay de teatino**: clase de casulla usada por los teatinos, una orden religiosa.

[12]**mochuelo**: *little owl.*

[13]**cabriola**: brinco que dan al bailar con cruce de pies en el aire; salto ligero.

El Príncipe Ajonjolí. Quien sale soy yo.

El Príncipe Pompón. Yo debí salir, que soy el primogénito.

El Príncipe Verdemar. En el juego de pelota eso no vale.

El Príncipe Ajonjolí. Lo echaremos a suerte. El que bote más alto la pelota aquél sale.

> La sopesa[14] y pasa de una mano a otra, toma plaza y le hace dar un bote tan alto, que casi toca el pico de las torres. Vuelve a tierra la pelota, y en el rebote se entra por la ventana del torreón.

El Duende.

> ¡Dame libertad,
> paloma real!
> ¡Palomita que vuelas tan alto,
> sin miedo del gavilán!

El Príncipe Verdemar. Ya nos quedamos sin pelota. Has estado muy torpe.

El Príncipe Ajonjolí. El Duende nos la devolverá. ¡Señor Duende!
... ¡Señor Duende!...

El Duende.

> ¡Dame libertad,
> paloma real!
> ¡Palomita que vuelas tan alto,
> sin miedo del gavilán!

Todos los Príncipes. ¡Señor Duende! ¡Señor Duende!

> Aparece otra vez El Duende entre las almenas, y en lo más alto de las torres puntiagudas, las cigüeñas cambian de pata. El Duende saluda con una pirueta.

El Duende. ¡Señores Príncipes! ¡Servidor de ustedes!

El Príncipe Ajonjolí. Devuélveme la pelota.

El Duende. Con mil amores te devolvería la pelota, si tú me devolvieses la libertad. ¿Me abrirás la puerta?

---

[14]**sopesar:** tantear el peso.

EL PRÍNCIPE AJONJOLÍ. Te la abriré.

EL DUENDE. ¿Me lo juras?

EL PRÍNCIPE AJONJOLÍ. Palabra de Rey.

EL DUENDE. ¡No! Palabra de Rey no.

EL PRÍNCIPE AJONJOLÍ. ¿Pues qué palabra quieres? Yo no puedo empeñarte otra. Si no soy Rey, nací para serlo, y mi palabra es conforme a mi condición.

EL DUENDE. ¿Y no me podrías dar palabra de hombre de bien?

EL PRÍNCIPE AJONJOLÍ. Me estás faltando al respeto que se me debe como Príncipe de la sangre. Hombre de bien se dice de un labrador, de un viñador, de un menestral.[15] Pero nadie es tan insolente que lo diga de un Príncipe. Hombre de honor se dice de un capitán, de un noble, de un duelista y de algunos pícaros que se baten con espadas de cartón.

EL DUENDE. Ya sé que las espadas y los sables de cartón son la mejor tramoya[16] para presumir de caballero.

EL PRÍNCIPE AJONJOLÍ. A un Príncipe no se le puede llamar ni hombre de bien ni hombre de honor. Es depresivo.

EL DUENDE. ¿Para quién?

EL PRÍNCIPE AJONJOLÍ. Para mi sangre azul.

EL DUENDE. Príncipe Ajonjolí, tendré entonces que conformarme con tu palabra real. Ahí va la pelota.

EL PRÍNCIPE AJONJOLÍ. Gracias.

EL DUENDE. Cumple tu promesa.

EL PRÍNCIPE AJONJOLÍ. Mañana la cumpliré. Yo no te dije que fuese ahora. Mañana veré a un herrero y le encargaré una llave.

EL DUENDE. Antes de esta noche vendrá el verdugo.

EL PRÍNCIPE AJONJOLÍ. Si eres duende, procura salir por la chimenea. ¡Hermanos, vamos a continuar el partido!

> EL PRÍNCIPE AJONJOLÍ hace botar la pelota. EL DUENDE
> guiña un ojo inflando las mejillas, y la pelota salta a pegar en
> ellas, reventándoselas en una gran risa. ¡Es el imán de las con-
> junciones grotescas!

EL DUENDE. De esta vez, Príncipes míos, no tendréis la pelota sin abrirme la puerta primero.

---

[15]**menestral**: artesano.

[16]**tramoya**: enredo dispuesto con ingenio.

Los Príncipes. ¡Vuélvela! ¡Vuélvela!

El Duende. Os vuelvo vuestras promesas reales, que os servirán mejor que la pelota. ¡Son más huecas y más livianas!

El Príncipe Verdemar. Duende, dame la pelota, y cumpliré como hombre de bien, como caballero y como Príncipe.

El Duende. No tienes la llave del torreón, Príncipe Verdemar.

El Príncipe Verdemar. Mis hermanos y yo derribaremos la puerta.

El Duende. ¿Con qué?

El Príncipe Verdemar. Con los hombros.

El Duende. Es muy fuerte la puerta, y antes de derribarla os habría salido joroba. Príncipes míos, estaríais muy poco gentiles.[17]

El Príncipe Ajonjolí. Nuestro padre el Rey castigará tu insolencia.

El Príncipe Pompón. El verdugo cortará tu cabeza.

El Príncipe Verdemar. Me duele que el engaño de mis hermanos te haga dudar de mi palabra.

El Duende. Príncipe Verdemar, allí viene la Reina vuestra madre, muy señora mía. Pídele la llave, que la lleva en la faltriquera.[18]

El Príncipe Verdemar. No me la daría.

El Duende. Llega a tu madre, y dile te mire en la oreja derecha, porque te duele. Y mientras ella mira, mete la mano con tiento[19] en su faltriquera y saca la llave.

> Sale Señora Reina con su corona. Un paje le recoge la cola del manto, un lebrel[20] le salta al costado, en el puño sostiene un azor.

El Príncipe Verdemar. Miradme en este oído, madre.

La Reina. ¿Qué tienes?

El Príncipe Verdemar. Una avispa se me ha entrado y me zumba dentro.

La Reina. No veo nada.

El Príncipe Verdemar. Dejadlo, madre, ya saldrá.

> Señora Reina se agachaba para mirar en la oreja del Príncipe. El muchacho, guiñando un ojo,[21] le hurtaba la llave de la

---

[17]gentil: agraciado.
[18]faltriquera: bolsillo.
[19]tiento: cuidado.
[20]lebrel: perro para cazar liebres.
[21]guiñar un ojo: *to wink.*

faltriquera. ¡La rica faltriquera cosida con hilo de oro, hecha con el raso de un jubón[22] que en treinta batallas sudó[23] Señor Rey! Se va Señora Reina. El Príncipe Verdemar abre la puerta del torreón y sale El Duende.

El Duende. Gracias, Príncipe mío. Si alguna vez necesitas el valimiento de un duende, no tienes más que llamarme. Toma este anillo. Cuando te lo pongas me tendrás a tu lado.

El Príncipe Pompón. Nuestro padre te hará castigar cuando sepa que has abierto la puerta del torreón y dado libertad al Duende.

El Príncipe Ajonjolí. Vámonos a jugar en otra parte. No viéndonos aquí, nadie sospechará de nosotros.

El Príncipe Pompón. ¿De nosotros dices, Ajonjolí? Tú y yo estamos libres de toda culpa.

El Príncipe Ajonjolí. ¿Y si nos culpan a los tres?

El Príncipe Verdemar. Si culpan a los tres, yo me declararé el solo delincuente.

El Príncipe Pompón. Ahí llega el Rey, nuestro padre.

El Rey. Quiero que veáis al Duende, enredador y travieso, que deshoja las rosas en mis jardines reales, que cuando pasa la Reina sacude sobre su cabeza las ramas mojadas de los árboles, que en las cámaras de mi palacio se esconde, para fingir un eco burlesco, y que en lo alto de la chimenea se mofa[24] con una risa hueca, que parece del viento, cuando me reúno en consejo con mis ministros. En los parques reales lo cazó mi jardinero, a quien acabo de recompensar con un título de nobleza. Y en memoria de este día, tan fausto[25] en mi reinado, mandaré grabar una medalla.

El Primer Ministro. ¡Oh Rey! Mejor sería un sello de Correos. Sirve, como la medalla, de conmemoración y aumenta las rentas del Tesoro.

El Rey. No había pensado en ello. En cuanto a los Príncipes, mis hijos, quiero asociarlos a esta alegría de mi pueblo, como padre y como Rey. Príncipe Pompón, tuyo es mi caballo. Príncipe Ajonjolí, tuyo es mi manto de armiño. Príncipe Verdemar, tuya es mi espada.

---

[22]jubón: jacket.
[23]sudó: la usó en treinta batallas.
[24]mofarse: burlarse.
[25]tan fausto: tan glorioso.

Los Príncipes. Gracias, señor.

El Rey. Pedid a la Reina la llave del torreón.

El Primer Ministro. Señor, la puerta está franca.

El Rey. ¡Cómo! ¿Quién fue el traidor que dio libertad al Duende?

> Señora Reina acude llorando. Con el hipo[26] que trae, la corona le baila en la cabeza. El azor que lleva en el puño abre las alas, el lebrel que lleva al costado se desata en ladridos. Y saca la lengua, acezando,[27] el paje que le sostiene la cola del manto real.

La Reina. ¡Me han robado la llave! ¡Me han robado la llave! ¡Hay traidores en el palacio! ¡Estamos como en Rusia!

El Rey. ¡Peor que en Rusia, porque aquí no hay Policía! Quisiera yo ahora comerme el corazón crudo y sin sal del que ha dado suelta a mi presa. ¡Vamos! Avisad a mi médico para que me sangre.

> Los Señores Reyes se parten con el cortejo de sus palaciegos. Señor Rey lleva la cara bermeja, como si acabase de abandonar los manteles.[28] Señora Reina no cesa de hipar, haciendo bailar la corona. Se quedan a solas los tres Príncipes.

El Príncipe Pompón. ¡Buen regalo me ha hecho mi padre! Un rocín con esparavanes[29] que no resiste encima el peso de una mosca.

El Príncipe Ajonjolí. ¡Pues a mí, con su manto sudado en cien fiestas reales!

El Príncipe Verdemar. Yo estoy contento con mi espada.

El Príncipe Pompón. ¡Como que no tiene ni una mella![30]

El Príncipe Ajonjolí. Mal podía tenerla no habiendo salido de la vaina.[31] ¿Quieres cambiármela por el manto?

El Príncipe Verdemar. No, hermano mío.

El Príncipe Pompón. ¿A mí, por el caballo?

El Príncipe Verdemar. No.

El Príncipe Ajonjolí. ¿Por el manto y un sayo[32] nuevo?

---

[26]**hipo**: *hiccup.*

[27]**acezar**: *to pant, gasp.*

[28]**si acabase . . . manteles**: si acabase de comer.

[29]**esparavanes**: lesiones en los músculos o nervios de las piernas.

[30]**mella**: abolladura; *dent.*

[31]**vaina**: funda, envoltura.

[32]**sayo**: *sash.*

EL PRÍNCIPE VERDEMAR. Me la dio mi padre, y no la cambio por nada del mundo.

EL PRÍNCIPE POMPÓN. Tú no tienes derecho a ningún regalo del Rey. Cuando sepa que has dado libertad al Duende te degollará con esa misma espada que ahora no quieres cambiarme por el caballo.

> EL PRÍNCIPE POMPÓN arruga la frente y mira en torno con mirada torva.[33] EL PRÍNCIPE AJONJOLÍ hace lo mismo. Los dos cambian una mirada a hurto[34] de su hermano y se van. EL PRÍNCIPE VERDEMAR queda solo y suspira contemplando el azul.

EL PRÍNCIPE VERDEMAR. Mis hermanos me delatarán y mi padre se comerá mi corazón crudo y sin sal. Debí haber dejado que se llevasen la espada. Tendré que huir de este palacio donde he nacido. Sólo siento no poder besar las manos de mi madre y decirle adiós . . . ¡Y pedirle algunos doblones[35] para el viaje!

Escena Segunda

> Una venta clásica en la encrucijada de dos malos caminos. Arde en el vasto lar[36] la lumbrarada de urces y tojos.[37] En la chimenea ahuma el tasajo,[38] en el pote[39] cuece el pernil.[40] LA MARITORNES pela una gallina que cacarea, el mastín[41] roe un hueso y EL VENTERO, con su navaja de a tercia,[42] pica la magra longaniza. Se albergan en la venta un PRÍNCIPE y un BUFÓN. El azar los ha juntado allí y ellos han hecho conocimiento.

EL VENTERO. Date prisa, Maritornes. Sirve a estos hidalgos. ¿Qué desean sus mercedes?

EL BUFÓN. Beber y comer.

---

[33]**torva**: hosca; *fierce.*

[34]**a hurto**: a hurtadillas, a escondidas.

[35]**doblón**: moneda antigua de oro.

[36]**lar**: hogar o chimenea.

[37]**urces y tojos**: *wood from the heath or evergreen shrubs.*

[38]**tasajo**: pedazo de carne seco y salado.

[39]**pote**: olla, vasija.

[40]**pernil**: anca del puerco.

[41]**mastín**: *mastiff.*

[42]**navaja de a tercia**: *army knife.*

El Ventero. ¿Está repleta la bolsa?

El Bufón. Está vacía la andorga.[43] ¿Cuándo has visto tú que estuviese repleta la bolsa de un pobre bufón que sólo espera poder embarcarse para las Indias?

El Ventero. ¿No estabas al servicio de la hija del Rey Micomicón?

El Bufón. ¡Pobre señora mía!

El Ventero. ¿Se ha casado?

El Bufón. Hace tres días que toda la Corte viste por ella de luto.

El Príncipe Verdemar. ¿Cómo puede ser estando viva? Yo la he visto pasear en los jardines de su palacio, y quedé maravillado de tanta hermosura.

El Bufón. Bien se advierte que sois nuevo en este reino y no tenéis noticia de la presencia del Dragón. Hace tres días que ruge ante los muros de esta ciudad, pidiendo que le sea entregada la señora Infantina. Salieron a combatirle los mejores caballeros, y a todos ha vencido y dado muerte.

El Ventero. El Dragón es animal invencible, y salir a pelear con él, la mayor locura.

El Bufón. Por eso, yo, antes de verme en tal aprieto, dejo el servicio de la señora Infantina y me embarco para dar conferencias en las Indias.

El Príncipe Verdemar. Pues a ti no te estaría mal salir con tus cascabeles a pelear con el dragón. ¿No eres loco? ¿No has vivido de decir locuras en la Corte?

El Bufón. De decirlas, pero no de hacerlas, amigo mío. Hacerlas es negocio de los cuerdos.[44] Los bufones somos como los poetas.

El Príncipe Verdemar. A fe que no alcanzo la semejanza.

El Bufón. Un poeta acaba un soneto lleno de amorosas quejas, la mayor locura sutil y lacrimosa, y tiene a la mujer en la cama con la pierna quebrada de un palo. Aparenta una demencia en sus versos y sabe ser en la vida más cuerdo que un escribano. ¿Ves ahora la semejanza? Pues aún hay otra. Cuando la música de los versos y la música de los cascabeles no bastan aquí para llenar la bolsa, bufones y poetas nos embarcamos para dar conferencias en las Indias.

El Príncipe Verdemar. ¿Tú piensas presentarte con tal sayo en

---

[43] **andorga**: el vientre; la barriga.
[44] **los cuerdos**: los que no están locos.

esas tierras lejanas? Procura llegar en Carnaval, que si no habrán de seguirte tirándote piedras.

EL BUFÓN. Sería una manera de anunciarme. Pero este vestido solamente pienso llevarlo en tanto no ahorre para otro. ¡Salí del palacio sin cobrar mi soldada[45] de todo un año!

EL PRÍNCIPE VERDEMAR. ¿Tanto enojo causaste con tu despedida a la Infantina? Lo comprendo, porque fue ingratitud muy grande dejarla cuando más necesitaba que la divirtieses con tus burlas y donaires.

EL BUFÓN. ¿Imaginas que hay burlas capaces de divertir a quien espera la muerte entre los dientes de un terrible dragón? Los bufones somos buenos para la gente holgazana y sin penas. Yo lo aprendí pronto, y sólo después de los banquetes dije donaires en el palacio del Rey Micomicón. Si corriste mundo,[46] habrás visto cómo en España, donde nadie come, es la cosa más difícil el ser gracioso. Sólo en el Congreso hacen allí gracia las payasadas. Sin duda porque los padres de la Patria comen en todas partes, hasta en España. Por lo demás, si no cobré mis salarios fue por estar vacías las arcas reales.

EL PRÍNCIPE VERDEMAR. ¿Tan mal anda el noble Rey Micomicón?

EL BUFÓN. ¡Gasta mucho esa gente!

> Asoma en la puerta de la venta un CIEGO de los que la gente vieja llama aún evangelistas, como en los tiempos de José Bonaparte: antiparras[47] negras, capa remendada, y bajo el brazo, gacetas y romances. De una cadenilla, un perro sin rabo, que siempre tira olfateando la tierra.

EL CIEGO. ¿Adónde estás, Bertoldo?

EL BUFÓN. Acá, compadre[91] Zacarías.

EL CIEGO. ¿Estás solo?

EL BUFÓN. Sólo con un amigo que me hace la merced de pagarme la cena. Acércate.

EL CIEGO. Llama al perro para que me guíe.

EL BUFÓN. ¿Cómo se llama tu perro?

EL CIEGO. De varias maneras. La mejor es llamarle enseñándole una tajada.

---

[45]**soldada**: sueldo o salario.
[46]**si corriste mundo**: *if you've been around*.
[47]**antiparras**: gafas, anteojos.

El Bufón toma de su plato un hueso casi mondo[48] y lo levanta
en el aire como un trofeo. El can comienza por mover el muñón[49]
del rabo y se lanza a tirar de la cadena, la boca abierta en grande
y famélico[50] bostezo.

El Bufón. Toma *Salomón*.

El Príncipe Verdemar. Maritornes, añade un cubierto para este
nuevo amigo.

El Ciego. ¡Gracias, generoso caballero!

El Bufón. Compadre Zacarías, ¿tu perro ha sido hombre alguna
vez?

El Ciego. Nunca me lo ha dicho.

El Bufón. Pues al ver la tajada hizo tales demostraciones . . . ¡O
será que todos los hombres primero han sido perros!

La Maritornes pone en la mesa el cordero, que humea y
colma la fuente de loza azul, tamaña como un viejo carcamán
y esportillada.[51]

La Maritornes. Aquí está el cordero.

El Ciego. ¡Buen olor despide!

El Príncipe Verdemar. ¿No pensabas hallar tan buena mesa?

El Ciego. Cierto que no.

El Bufón. Éste es el ciego que vende las gacetas públicas en el
palacio del Rey Micomicón.

El Ciego. Que las vendía, compadre Bertoldo. Era oficio tan ruin,
que apenas daba para malcomer, y lo he dejado. Los reyes no pagan
nunca a quien les sirve. Encomiendan a los cortesanos esas miserias,
y los cortesanos las encomiendan a los lacayos, y los lacayos, cuando
llegas a cobrar, salen con un palo levantado.

El Bufón. De ese mismo paño tengo yo un sayo, compadre Zacarías. ¿Y cómo es hallarte en esta venta?

El Ciego. He venido a esperar el navío que sale para las Indias.

El Bufón. ¿Se quebró la soga del perro y buscas una longaniza
para atarlo? Haces bien. Yo también espero el navío para las Indias.

El Príncipe Verdemar. Se despuebla el reino de Micomicón. Por

---

[48]**mondo**: limpio.
[49]**muñón**: *stub*.
[50]**famélico**: hambriento.
[51]**carcamán y esportillada**: *old chipped tub*.

todos los caminos hallé gente que acudía a esperar ese navío. Sólo quedarán aquí los viejos y los inútiles.

EL BUFÓN. ¡Los viejos, los inútiles! ¿Qué locuras estás diciendo? En otro tiempo algunos hubo; pero ahora se ha dado una ley para que los automóviles los aplasten en las carreteras. ¿De qué sirve un viejo de cien años? ¿De qué sirve una vieja sorda? ¿Y los tullidos[52] que se arrastran como tortugas? Ha sido una ley muy sabia, que mereció el aplauso de toda la Corte. Así se hacen fuertes las razas. Tú es posible que no la halles bien, porque eres un sentimental. Lo he conocido desde el primer momento, en cuanto me convidaste a cenar. ¡Eres un sentimental!

EL PRÍNCIPE VERDEMAR. Te convidé porque quiero pedirte nuevas de la Infantina.

EL BUFÓN. ¡Ja..., ja...! Un sentimental. ¿Qué dices tú, compadre Zacarías?

EL CIEGO. ¡Un sentimental!

EL PRÍNCIPE VERDEMAR. A ti te convidé porque jamás contemplaste a la Princesa y su hermosura no puede moverte. El bien que tú digas de ella no nacerá del encanto de tus ojos. ¡Ojalá todos los que hablan de una mujer cegasen antes de verla, que así sería más cuerdo el juicio y habría menos engañados! Yo la vi un momento pasar entre los laureles del parque real, y sólo con verla nació en mí el deseo de vencer al Dragón.

EL CIEGO. Dicen que sólo con una espada de diamante podría dársele muerte.

EL BUFÓN. Y ello es declararle inmortal, porque no existen espadas tales.

> Entra un famoso rufián, que come de ser matante[53] y cena de lo que afana[54] la coima[55] guiñando el ojo a los galanes, cuando se tercia.[56] La coima viene con él.

EL BRAVO. ¿Es aquí donde se cena de balde?[57] Siéntate, Geroma.

---

[52]**tullido**: *crippled*.

[53]**que come de ser matante**: que come con el producto de sus crímenes.

[54]**de lo que afana**: de lo que consigue; roba.

[55]**coima**: manceba; mujer del mundo.

[56]**cuando se tercia**: cuando va bien la cosa.

[57]**de balde**: gratis.

Geroma. Dile a ésos que me dejen sitio, Espandián.

El Bravo. ¡Hola, bergantes![58] Haced un puesto a mi dama.

El Príncipe Verdemar. Una silla para la señora Geroma.

Remedando[59] los modos de la Corte, El Bufón ofrece una silla a la Señora Geroma. Espandián alarga su terrible brazo y la toma para sí, afirmándola en el suelo con un golpe que casi la esportilla[60] y mirando en torno, retador.[61] Cuando va a sentarse, El Príncipe Verdemar le derriba la silla. Da una costalada[62] el matante y se levanta poniendo mano al espadón.

El Bravo. ¿Son éstas chanzas o veras?[63]

El Príncipe Verdemar. Veras y muy veras, señor Espandián.

El Bravo. Está bien, porque de chanzas tan pesadas no gusta el hijo de mi madre.

El Príncipe Verdemar. Señora Geroma, aquí está vuestra silla.

Geroma. Gracias, gentil caballero.

El Bravo. Y mi silla, ¿dónde está?

El Príncipe Verdemar. Sólo aquellos que yo convido tienen puesto en mi mesa, señor Espandián.

El Bravo. Yo tengo puesto en todas partes, porque mi espada me lo asegura.

El Príncipe Verdemar. Que tu espada te lo asegure no es cosa probada. Que tu insolencia te lo quita es cosa cierta.

El Bravo. ¡Tú quieres que riñamos!

El Príncipe Verdemar. Eso lo dejo a tu capricho. En todo caso, sería después de haber servido a la señora Geroma.

El Bufón. El favor que se hace a la señora Geroma lo recibe el señor Espandián, y no será tan ingrato que quiera pagarlo con una estocada.

Geroma. Espandián, marido mío, deja quieta la tajante.[64] Repara con cuánta cortesía me trata este caballero y muéstrate agradecido.

---

[58]bergante: pícaro, sinvergüenza.
[59]remedar: imitar.
[60]esportilla: quiebra.
[61]retador: el que desafia.
[62]da una costalada: se da un golpe.
[63]chanzas o veras: *in jest or in truth.*
[64]la tajante: la espada.

EL BRAVO. Porque reparo[65] cómo te escancian[66] de beber y te colman el plato, hablo así. ¿Dónde ha nacido ese uso bárbaro de que coma la mujer y ayune el marido? ¿Es de la Grecia? ¿Es de la Roma? ¿Es de las tierras de Oriente? ¡No! Es de una región salvaje, para mí desconocida y para ti también, Geroma. Y si este caballero quiere implantar aquí tan afrentosos usos, yo se lo estorbaré con mi espada. Geroma, ese plato es mío, ese vaso es mío, esa silla, mía también.

GEROMA. ¿Por qué?

EL BRAVO. Porque tú eres mía, según la epístola de San Pablo.

GEROMA. ¡Deja el vaso!

EL BRAVO. Ya te dije que es mío.

GEROMA. ¡Dame el plato!

EL BRAVO. Ya te dije que es mío.

GEROMA. ¡Borracho, rufián, apaleamujeres![67]

> Se alegra la venta con tumulto. ESPANDIÁN, tras de apurar el vaso de un solo trago, arrebata a la coima el plato lleno de cordero y pringue.[68] La Señora GEROMA saca las uñas, arañándole la cara, y el rufián, puesto en pie, le escacharra[69] el plato en mitad de la cabeza.

EL BRAVO. Geroma, a mí puedes arañarme. Un hombre como yo conoce lo que son señoras. Pero ¡cuida de no decir una sola palabra ofensiva para mi honor!

GEROMA. ¡Vuélveme el plato!

EL BUFÓN. A una mujer se la mata, pero no se la falta. Seguro estoy de que se hallaría más conforme, con que le hubieses quitado la vida, la señora Geroma.

GEROMA. ¡Qué hablas tú, cara de antruejo![70]

EL BUFÓN. Hablo en vuestra defensa, señora Geroma.

EL BRAVO. Yo basto para su defensa. Geroma, quédate siempre en las palabras, que por ser tuyas no me ofenden. Pero la mujer debe obediencia al marido, y si lo olvidas, he de recordártelo, no por mí, sino por la devoción que tengo al santo apóstol San Pablo.

---

[65]**porque reparo**: porque me doy cuenta, me entero.

[66]**escanciar**: servir el vino.

[67]**apaleamujer**: *woman beater*.

[68]**pringue**: grasa que suelta el tocino.

[69]**escacharra**: aplasta, quiebra.

[70]**antruejo**: cara de carnaval, es decir, grotesca.

El Príncipe Verdemar. Cesad en vuestro llanto, señora Geroma, y decid a vuestro marido que yo le pagaré la cena si fuera mayor su cortesía.

El Bravo. Con poca o con mucha cortesía, ya veis cómo he cenado a vuestra costa. Y si queréis cobraros, sacad la espada.

> Derribando la silla, se levanta Espandián y, con la capa revuelta al brazo, a guisa de broquel,[71] y la espada en la mano, toma campo en mitad de la cocina. El Príncipe pone también mano a su espada. Riñen con mucho estruendo, y El Príncipe Verdemar hiere a Espandián. El perro del Ciego, en un rapto de risa, se muerde el rabo.

El Príncipe Verdemar. Ya te has cobrado.

El Bravo. Ya puedes decir que eres un valiente. Dame la mano. Cruzaste noblemente tu acero con Espandián y no te guardo rencor. Claro está que yo no desenvolví todo mi juego. Eres tan niño, que al ver tu cara de arcángel me entraba no sé qué compasión, y parecía que el brazo se me quedaba sin fuerza. Habrás visto que por dos veces pude matarte: una, de un bote recio;[72] otra, de una flanconada.[73]

Geroma. En mitad del corazón he recibido yo esa estocada. Vos no sabéis, señor, el genio de este hombre cuando está herido. ¿Veis mis carnes tan blancas? Serán de negro terciopelo mañana.

El Bufón. Tiene la herida en el brazo, señora Geroma.

Geroma. ¡Ay! Mi Espandián es ambidiestro.

El Bravo. Este joven caballero ha visto que le perdoné la vida, y me hará la merced de prestarnos algunos doblones para curarme.

El Príncipe Verdemar. Ni las tretas[74] de vuestra espada ni vuestras palabras tienen poder para abrir mi bolsa. Si estás arrepentido de haberme perdonado la vida, podéis cobraros volviendo a reñir, puesto que sois ambidiestro.

El Bravo. ¡Volveremos a reñir! ¡Te abriré la sepultura con mi espada!

El Príncipe Verdemar. Vamos a verlo.

El Bravo. Ahora, no. Ya sabrás de mí. Cuéntate con los muertos.

---

[71]a guisa de broquel: como escudo.
[72]bote recio: golpe con arma enastada.
[73]flanconada: golpe inesperado.
[74]treta: artificio, artimaña.

> Al abrirse la puerta de la cocina para dejarle paso, se ve la noche azul y una gran luna sangrienta. Sale arrastrando de un brazo a la coima.

El Ciego. Volverá, no lo dudéis. Es el jefe de una banda de malhechores, y volverá con sus compañeros. Si queréis salvar la vida, debéis huir.

El Príncipe Verdemar. Ya habéis visto que sé defenderme con la espada en la mano.

El Bufón. Pero contra el número nada puede la destreza. ¿No habéis oído un silbido? Es la señal para reunir a su gente. Atrancad,[75] maese Trabuco.

> El Ventero avizora[76] desde la puerta, en la oscuridad de la noche, y luego, con las manos temblorosas, cierra y pone la tranca. La Maritornes bate los dientes apretando los ojos. Dos gallos cacarean en la caponera,[77] rosman[78] el gato y el perro, y El Bufón, como un perlático,[79] hace sonar sus mil cascabeles.

El Ventero. Se divisan bultos de embozados que se ocultan en el quicio de las puertas. En cuanto pongáis el pie fuera de estos umbrales os matarán.

El Príncipe Verdemar. ¿Y pensáis que habré dé encerrarme aquí como en un castillo encantado? Vamos fuera.

El Ventero. En ese caso, dejad saldada nuestra cuenta.

El Príncipe Verdemar. Toma.

> Le arroja una bolsa llena de oro. El Ventero la recoge en el aire, haciendo una pirueta. Va El Príncipe a salir, y El Bufón se le pone delante abriendo los brazos.

El Bufón. A un caballero tan generoso, que nos ha pagado la cena de esta noche y que puede pagarnos la de otras, yo no le consiento que vaya a morir como una res.

El Ciego. Ni yo.

El Príncipe Verdemar. Dejadme.

---

[75]atrancar: *to bar the door.*
[76]avizorar: acechar.
[77]la caponera: el gallinero.
[78]rosman: (palabra gallega) gruñir.
[79]perlático: *palsied.*

El Bufón. Si quieres salir, puedes hacerlo con un disfraz.

El Príncipe Verdemar. Dejadme os digo.

El Ciego. Una cosa es ser valiente y otra ser temerario.

La Maritornes. ¡Qué dolor! ¡Un caballero tan joven y tan bien parecido!

El Ventero. Tomad un disfraz, como os aconseja el compadre Bertoldo.

El Bufón. ¿Ves esta criba?[80] Así te pondrán la piel.

El Príncipe Verdemar. Abrid la puerta. Veréis cómo mi espada me asegura el camino.

La Maritornes. Gentil caballero, ¿por qué no tomáis un disfraz como os aconsejan vuestros amigos? ¿Queréis mi basquiña?[81]

El Príncipe Verdemar. ¡Jamás!

El Bufón. Tomad mi traje de bufón. ¡Siempre que me dejéis el vuestro!

El Príncipe Verdemar. ¡Sea! Tal vez tu traje me ayude en mis designios.

El Ventero. Entrad ahí.

> Desaparecen por un arco que hay en el muro, y casi al mismo tiempo se oye fuera el rumor de los brigantes[82] que manda Espandián. A poco llaman en la puerta con el pomo[83] de los puñales.

El Bravo. ¡Maese Trabuco!

El Ventero. ¿Quién va?

El Bravo. ¡Abrid con mil diablos!

El Ventero. ¿Quién va digo?

El Ciego. ¡Espandián con su gente! ¡El Juicio Final!

El Bravo. ¡Derribad la puerta, amigos míos!

El Ventero. Esperad. ¿Sois el señor Espandián?

El Bravo. Al fin reconoces mi voz, bergante.

El Ventero. ¿Por qué no decíais vuestra gracia?[84] Esperad, que voy por la llave. ¡Daos prisa vosotros!

---

[80]criba: *sieve.*

[81]basquiña: saya negra usada por las mujeres; falda.

[82]brigante: bandido; *brigand.*

[83]pomo: *hilt.*

[84]vuestra gracia: vuestro nombre.

Abre la puerta. Entra ESPANDIÁN con su banda. Todos miran
de través. Unos se tuercen el mostacho, otros se llevan la mano
al puño de la espada, otros permanecen en la sombra, con el
embozo[85] a los ojos. ESPANDIÁN se adelanta. Y a todo esto, EL
PRÍNCIPE VERDEMAR se desliza pegado al muro, vestido de bufón.
Hace una reverencia y sale a la noche quimérica y azul, bajo la
cara chata de la luna. MARITORNES suspira.

EL BRAVO. ¿Dónde está ese tocino de cielo?

EL VENTERO. ¿Dónde está ese mozuelo atrevido? Llámale, Maritornes. Que me pague la cuenta, y luego la suya al señor Espandián.

LA MARITORNES. ¡Caballero salid! Acá os buscan. ¿Para qué digo
que le buscáis?

EL BRAVO. Para una urgencia. Pero yo iré a sacarle de su escondite.

Pasa bajo el arco ESPANDIÁN, con la espada desnuda, y sale
trayendo suspendido del cuello al BUFÓN, que aparece en pernetas,[86] con calzones de franela[87] amarilla. Entre las manos del
BUFÓN cuelga lacio el vestido de EL PRÍNCIPE VERDEMAR.

EL BUFÓN. Me habéis salvado la vida, señor Espandián. Poco faltó
para que ese mozuelo me pasase con su espada. Al pecho me la puso
para que le entregase mi sayo. ¡Y no paró ahí! Quiso obligarme a que
me pusiese su vestido para que me confundieseis con él y me mataseis.
Me habéis salvado, señor Espandián. ¡Dejadme que os bese las manos!

EL BRAVO. No sé por qué, pero todo lo que me cuentas se me antoja[88]
una fábula. ¡Ay de ti si fuiste cómplice en el engaño! Venga ese traje.

EL BUFÓN. Dejad que me lo ponga. Ya deshecho el engaño, no hay
reparo . . .

EL BRAVO. Venga, digo.

EL BUFÓN. ¿Me dejaréis morir de frío? Ya me he resfriado.

Abre la boca con un gran estornudo y hace la santiguada.[89]
El matante pasa a las manos de la coima el vestido de EL PRÍN-
CIPE VERDEMAR. La Señora GEROMA remira los calzones al trasluz.

---

[85]**embozo**: parte de la capa que sirve para cubrirse la cara.
[86]**en pernetas**: con las piernas desnudas.
[87]**franela**: *flannel*.
[88]**se me antoja**: me parece.
[89]**hacer la santiguada**: *to bless oneself*.

GEROMA. Algo pasado está. Pero yo te lo dejaré como nuevo.

EL BUFÓN. Maritornes, ¿quieres prestarme tu basquiña?

LA MARITORNES. Sólo tengo la puesta.

EL BUFÓN. ¿No te da compasión de verme temblar?

LA MARITORNES. Acercaos al fuego.

> Salta sobre el hogar y se sienta sobre la boca del pote, embullando y farsando[90] para desarrugar el ceño del matante. Se oye fuera un pregón.[91]

GEROMA. ¿Será el pregón de tu cabeza, Espandián?

EL BUFÓN. Entonces me haríais el favor de dejarme el vestido.

EL PREGONERO. ¡Oíd! El poderoso Rey Micomicón hace saber a todos, caballeros y villanos, que aquel que diese muerte al dragón, salvando la vida de la señora Infantina, será con ella desposado.[92] El poderoso Rey Micomicón dará en dote la mitad de su reino a la señora Infantina.

EL BRAVO. He ahí una empresa digna de mi brazo. Geroma, tendré que repudiarte.

Escena Tercera

> En un jardín el palacio del REY MICOMICÓN. Jardín de rosas y escalinatas de mármol, donde abren su cola dos pavos reales. Un lago y dos cisnes unánimes. En el laberinto de mirtos, al pie de la fuente, está llorando la hija del Rey. De pronto se aparece a sus ojos, disfrazado de bufón, EL PRÍNCIPE VERDEMAR.

EL PRÍNCIPE VERDEMAR. ¡Señora Infantina!

LA INFANTINA. ¿Quién eres?

EL PRÍNCIPE VERDEMAR. ¿Por qué me preguntas quién soy cuando mi sayo a voces lo está diciendo? Soy un bufón.

LA INFANTINA. Me cegaban las lágrimas y no podía verte. ¿Qué quieres, bufón?

EL PRÍNCIPE VERDEMAR. Te traigo un mensaje de las rosas de tu jardín real. Solicitan de tu gracia que no les niegues el sol.

---

[90]**embullando y farsando**: metiendo ruido y haciendo bromas.

[91]**pregón**: publicación en voz alta y en público.

[92]**desposado**: casado.

LA INFANTINA. El sol va por los cielos, mucho más levantado que el poder de los reyes.

EL PRÍNCIPE VERDEMAR. El sol que piden las rosas es el sol de tus ojos. Cuando yo llegué ante ti, señora mía, los tenías nublados con tu pañolito.

LA INFANTINA. ¿Qué pueden hacer mis ojos sino llorar?

EL PRÍNCIPE VERDEMAR. Por unos soldados supe tu desgracia, señora Infantina. Dijeron también que estabas sin bufón, y aquí entré para merecer el favor de servirte. Ya sólo para ti quiero agitar mis cascabeles, y si no consigo alegrar la rosa de tu boca, permíteme que recoja tus lágrimas en el cáliz de esta otra rosa.

> De un rosal todo florido y fragante que mece sus ramas al viento, EL PRÍNCIPE VERDEMAR corta la rosa más hermosa y se la ofrece a LA INFANTINA, arrodillado ante ella, recordando a un bufón de Watteau.[93]

LA INFANTINA. ¿Para qué?

EL PRÍNCIPE VERDEMAR. Para beberlas.

LA INFANTINA. ¿Has probado alguna vez las lágrimas, bufón? ¡Son muy amargas!

EL PRÍNCIPE VERDEMAR. Divino licor para quien tiene por oficio decir donosas sales.[94]

LA INFANTINA. Pero ¿en verdad eres lo que representa tu atavío?[95]

EL PRÍNCIPE VERDEMAR. ¿Por qué lo dudas?

LA INFANTINA. Porque tienen tus palabras un son lejano que no cuadra con tu caperuza[96] de bufón. ¿Hace mucho que llevas los cascabeles?

EL PRÍNCIPE VERDEMAR. Desde que nací. Primero me cantaron en mi corazón; después florecieron en mi caperuza.

LA INFANTINA. Yo tuve un bufón, que me abandonó poco hace. No se parecía a ti.

EL PRÍNCIPE VERDEMAR. Todos los bufones somos hermanos, pero

---

[93]**Watteau**: Jean Antoine Watteau (1684–1721), pintor francés. Pintó sobre todo las modas femeninas.

[94]**donosas sales**: gracias, chistes, agudezas.

[95]**atavío**: vestido.

[96]**caperuza**: *hood*.

una misma canción puede tener distintas músicas. ¿Quieres tomarme a tu servicio, gentil señora? Mis cascabeles nunca te serán inoportunos. Si estás alegre, repicarán[97] a gloria; si triste, doblarán a muerto.[98] Los gobernaré como gobierna las campanas un sacristán.

LA INFANTINA. Poco tiempo durarás en mi servicio.

EL PRÍNCIPE VERDEMAR. ¿Poco?

LA INFANTINA. Si conservas esta rosa, puede durar más tiempo en tus manos. ¡Hoy es el día de mi muerte! Para salvar el reino debo morir entre las garras del Dragón.

EL PRÍNCIPE VERDEMAR. Conservaré la rosa hasta mañana.

LA INFANTINA. Bufón mío, prométeme que irás a deshojarla sobre mi sepultura.

EL PRÍNCIPE VERDEMAR. Tú no morirás, Infantina. Mañana cortarás en este jardín otra rosa para tu bufón, que te saludará con la más alegre música de sus cascabeles de oro.

LA INFANTINA. Aunque esté bajo tierra, creo que los oiré. ¡Qué divino son tienen tus cascabeles!

> Se va LA INFANTINA, y EL PRÍNCIPE VERDEMAR la mira alejarse por los tortuosos senderos del laberinto, como perdida o encantada de él. En el fondo excavado de un viejo roble, canta EL DUENDE.

EL PRÍNCIPE VERDEMAR. ¡Princesa de mis sueños, moriré en la demanda o triunfaré del Dragón!

EL DUENDE.

> ¡Me diste libertad,
> mi palomita real!
> ¡Palomita que vuelas tan alto,
> sin miedo del gavilán!

EL PRÍNCIPE VERDEMAR. ¡Ah! ¡El Duende! Le llamaré en mi auxilio. Afortunadamente, conservo el anillo que me dejó cuando le abrí la puerta del torreón.

EL DUENDE. Aquí estoy, Príncipe mío. ¿Qué deseas?

EL PRÍNCIPE VERDEMAR. Tu ayuda para triunfar del Dragón.

EL DUENDE. Ven conmigo. Tendrás la espada de diamante.

---

[97]**repicar**: sonar, tañer.
[98]**doblarán a muerto**: tocarán a muerto.

Esta selección, de *Luces de Bohemia*, es de particular interés para el estudiante de la obra de Valle-Inclán. Contiene la definición del esperpento puesta en boca de Max Estrella, que quizá es el propio Valle-Inclán. Figuran personajes como Rubén Darío, el marqués de Bradomín y tipos de la vida madrileña en posturas trágico-caricaturescas, en un Madrid que Valle describe como "absurdo, brillante y hambriento".

El drama de quince escenas no tiene división en actos. En seguida se reproducen las escenas duodécima y décimocuarta.

Luces de Bohemia

Escena Duodécima

Rinconada en costanilla[1] y una iglesia barroca por fondo. Sobre las campanas negras, la luna clara. DON LATINO y MAX ESTRELLA filosofan sentados en el quicio[2] de una puerta. A lo largo de su coloquio, se torna lívido el cielo. En el alero[3] de la iglesia pían algunos pájaros. Remotos albores de amanecida. Ya se han ido los serenos,[4] pero aún están las puertas cerradas. Despiertan las porteras.

MAX. ¿Debe estar amaneciendo?

DON LATINO. Así es.

MAX. ¡Y qué frío!

DON LATINO. Vamos a dar unos paseos.

MAX. Ayúdame, que no puedo levantarme. ¡Estoy aterido![5]

DON LATINO. ¡Mira que haber empeñado[6] la capa!

MAX. Préstame tu carrik,[7] Latino.

DON LATINO. ¡Max, eres fantástico!

MAX. Ayúdame a ponerme en pie.

DON LATINO. ¡Arriba, carcunda![8]

---

[1]**Rinconada en costanilla**: ángulo formado por la unión de dos casas en una calle corta y con declive.

[2]**quicio**: entrada, escalones que conducen a la puerta.

[3]**alero**: borde del tejado que sirve para desviar la lluvia.

[4]**sereno**: vigilante nocturno que cuida las calles y casas en las ciudades españolas.

[5]**aterido**: ponerse tieso con el frío.

[6]**empeñado**: dejar alguna cosa en prenda por dinero prestado.

[7]**carrik**: una clase de gabán, llamada asi por el actor inglés Garrick.

[8]**carcunda**: se refiere a una persona jorobada.

MAX. ¡No me tengo![9]

DON LATINO. ¡Qué tuno[10] eres!

MAX. ¡Idiota!

DON LATINO. ¡La verdad es que tienes una fisonomía algo rara!

MAX. ¡Don Latino de Hispalis, grotesco personaje, te inmortalizaré en una novela!

DON LATINO. Una tragedia, Max.

MAX. La tragedia nuestra no es tragedia.

DON LATINO. ¡Pues algo será!

MAX. El Esperpento.

DON LATINO. No tuerzas la boca, Max.

MAX. ¡Me estoy helando!

DON LATINO. Levántate. Vamos a caminar.

MAX. No puedo.

DON LATINO. Deja esa farsa. Vamos a caminar.

MAX. Échame el aliento. ¿Adónde te has ido, Latino?

DON LATINO. Estoy a tu lado.

MAX. Como te han convertido en buey, no podía reconocerte. Échame el aliento, ilustre buey del pesebre belenita. ¡Muge,[11] Latino! Tú eres el cabestro,[12] y si muges vendrá el Buey Apis.[13] Le torearemos.

DON LATINO. Me estás asustando. Debías dejar esa broma.

MAX. Los ultraístas[14] son unos farsantes. El esperpentismo lo ha inventado Goya. Los héroes clásicos han ido a pasearse en el callejón del Gato.[15]

DON LATINO. ¡Estás completamente curda![16]

MAX. Los héroes clásicos reflejados en los espejos cóncavos dan el Esperpento. El sentido trágico de la vida española sólo puede darse con una estética sistemáticamente deformada.

---

[9]**no me tengo:** no puedo tenerme en pie.

[10]**tuno:** pícaro.

[11]**mugir:** *roar, to bellow.*

[12]**cabestro:** buey manso al que siguen los toros bravos.

[13]**el Buey Apis:** toro sagrado de los Egipcios. Tenía su culto en Menfis.

[14]**ultraístas:** autores que escribían bajo la influencia de los movimientos de vanguardia.

[15]**callejón del Gato:** calle en Madrid.

[16]**curda:** borracho.

Don Latino. ¡Miau![17] ¡Te estás contagiando!

Max. España es una deformación grotesca de la civilización europea.

Don Latino. ¡Pudiera! Yo me inhibo.

Max. Las imágenes más bellas en un espejo cóncavo son absurdas.

Don Latino. Conforme. Pero a mí me divierte mirarme en los espejos de la calle del Gato.

Max. Y a mí. La deformación deja de serlo cuando está sujeta a una matemática perfecta. Mi estética actual es transformar con matemática de espejo cóncavo las normas clásicas.

Don Latino. ¿Y dónde está el espejo?

Max. En el fondo del vaso.

Don Latino. ¡Eres genial! ¡Me quito el cráneo!

Max. Latino, deformemos la expresión en el mismo espejo que nos deforma las caras y toda la vida miserable de España.

Don Latino. Nos mudaremos al callejón del Gato.

Max. Vamos a ver qué palacio está desalquilado. Arrímame a la pared. ¡Sacúdeme!

Don Latino. No tuerzas la boca.

Max. Es nervioso. ¡Ni me entero!

Don Latino. ¡Te traes una guasa![18]

Max. Préstame tu carrik.

Don Latino. ¡Mira cómo me he quedado de un aire!

Max. No me siento las manos y me duelen las uñas. ¡Estoy muy malo!

Don Latino. Quieres conmoverme, para luego tomarme la coleta.[19]

Max. Idiota, llévame a la puerta de mi casa y déjame morir en paz.

Don Latino. La verdad sea dicha, no madrugan en nuestro barrio.

Max. Llama.

> Don Latino de Hispalis, volviéndose de espaldas, comienza a cocear[20] en la puerta. El eco de los golpes tolondrea[21] por el

---

[17]**Miau**: Onomatopeya del maúllo del gato. También indica incredulidad o negación.

[18]**guasa**: burla.

[19]**tomarme la coleta**: burlarte de mí.

[20]**cocear**: patear.

[21]**tolondrear**: resonar.

ámbito[22] lívido de la costanilla, y como en respuesta a una provocación, el reloj de la iglesia da cinco campanadas bajo el gallo de la veleta.[23]

MAX. ¡Latino!

DON LATINO. ¿Qué antojas? ¡Deja la mueca![24]

MAX. ¡Si Collet estuviese despierta!... Ponme en pie para darle una voz.[25]

DON LATINO. No llega tu voz a ese quinto cielo.[26]

MAX. ¡Collet! ¡Me estoy aburriendo!

DON LATINO. No olvides al compañero.

MAX. Latino, me parece que recobro la vista. ¿Pero cómo hemos venido a este entierro? ¡Esa apoteosis es de París! ¡Estamos en el entierro de Víctor Hugo! ¿Oye, Latino, pero cómo vamos nosotros presidiendo?

DON LATINO. No te alucines, Max.

MAX. Es incomprensible cómo veo.

DON LATINO. Ya sabes que has tenido esa misma ilusión otras veces.

MAX. ¿A quién enterramos, Latino?

DON LATINO. Es un secreto que debemos ignorar.

MAX. ¡Cómo brilla el sol en las carrozas!

DON LATINO. Max, si todo cuanto dices no fuese una broma, tendría una significación teosófica... En un entierro presidido por mí, yo debo ser el muerto. Pero por esas coronas, me inclino a pensar que el muerto eres tú.

MAX. Voy a complacerte. Para quitarle el miedo del augurio, me acuesto a la espera. ¡Yo soy el muerto! ¿Qué dirá mañana esa canalla de los periódicos, se preguntaba el paria catalán?

MÁXIMO ESTRELLA se tiende en el umbral de su puerta. Cruza la costanilla un perro golfo[27] que corre en zigzag. En el centro, encoge la pata y se orina. El ojo legañoso,[28] como un poeta, levantado al azul de la última estrella.

---

[22]**ámbito**: recinto.
[23]**veleta**: *weather vane.*
[24]**mueca**: contorsión de la cara.
[25]**darle una voz**: llamarla.
[26]**quinto cielo**: quinto piso.
[27]**golfo**: vagabundo.
[28]**legañoso**: *bleary.*

Max. Latino, entona el gori-gori.[29]

Don Latino. Si continúas con esa broma macabra, te abandono.

Max. Yo soy el que se va para siempre.

Don Latino. Incorpórate, Max. Vamos a caminar.

Max. Estoy muerto.

Don Latino. ¡Que me estás asustando! Max, vamos a caminar. Incorpórate, ¡no tuerzas la boca, condenado. Max, Max! ¡Condenado, responde!

Max. Los muertos no hablan.

Don Latino. Definitivamente, te dejo.

Max. ¡Buenas noches!

> Don Latino de Hispalis se sopla los dedos arrecidos[30] y camina unos pasos incorporándose bajo su carrik pingón, orlado de cascarrias.[31] Con una tos gruñosa retorna al lado de Max Estrella. Procura incorporarle hablándole a la oreja.

Don Latino. Max, estás completamente borracho y sería un crimen dejarte la cartera encima, para que te la roben. Max, me llevo tu cartera y te la devolveré mañana.

> Finalmente se eleva tras de la puerta la voz achulada[32] de una vecina. Resuenan pasos dentro del zaguán.[33] Don Latino se cuela[34] por un callejón.

La voz de la Vecina. ¡Señá[35] Flora! ¡Señá Flora! Se le han apegado a usted las mantas de la cama.

La voz de la Portera. ¿Quién es? Esperarse que encuentre la caja de mixtos.[36]

La Vecina. ¡Señá Flora!

La Portera. Ahora salgo. ¿Quién es?

La Vecina. ¡Está usted marmota![37] ¿Quién será? ¡La Cuca, que se camina al lavadero!

---

[29]**gori-gori:** voz con que vulgarmente se alude al canto lúgubre de los entierros.

[30]**arrecido:** adormecido, aterido de frío.

[31]**pingón, orlado de cascarrias:** alicaído, lleno de manchas.

[32]**achulado:** del pueblo bajo de Madrid.

[33]**zaguán:** vestíbulo.

[34]**colar:** entrar furtivamente.

[35]**señá:** (vulgarismo) señora.

[36]**mixto:** fósforo, cerilla.

[37]**marmota:** dormido.

LA PORTERA. ¡Ay, qué centella de mixtos! ¿Son horas?

LA VECINA. ¡Son horas y pasan de serlo!

> Se oye el paso cansino[38] de una mujer en chanclas.[39] Sigue el murmullo de las voces. Rechina la cerradura, y aparecen en el hueco de la puerta dos mujeres: La una, canosa, viva y agalgada,[40] con un saco de ropa cargado sobre la cadera. La otra, jamona,[41] refajo[42] colorado, pañuelo pingón sobre los hombros, greñas[43] y chancletas. El cuerpo del bohemio resbala y queda acostado sobre el umbral al abrirse la puerta.

LA VECINA. ¡Santísimo Cristo, un hombre muerto!

LA PORTERA. Es Don Max el poeta, que la ha pescado.[44]

LA VECINA. ¡Está del color de la cera!

LA PORTERA. Cuca, por tu alma, quédate a la mira un instante, mientras subo el aviso a Madama Collet.

> LA PORTERA sube la escalera chancleando. Se la oye renegar. LA CUCA, viéndose sola, con aire medroso, toca las manos del bohemio y luego se inclina a mirarle los ojos entreabiertos bajo la frente lívida.

LA VECINA. ¡Santísimo Señor! ¡Esto no lo dimana[44] la bebida! ¡La muerte talmente representada! ¡Señá Flora! ¡Señá Flora! ¡Que no puedo demorarme! ¡Ya se me voló un cuarto de día! ¡Que se queda esto a la vindicta pública, señá Flora! ¡Propia la muerte!

Escena Decimocuarta

> Un patio en el cementerio del Este. La tarde, fría. El viento, adusto. La luz de la tarde, sobre los muros de lápidas,[46] tiene una aridez agresiva. Dos sepultureros apisonan la tierra de una

---

[38]**cansino**: lento, perezoso.

[39]**chanclas**: chancletas; zapatos viejos.

[40]**agalgado**: como el galgo.

[41]**jamona**: mujer gruesa.

[42]**refajo**: enaguas, falda interior.

[43]**greña**: cabellera revuelta y mal compuesta.

[44]**la ha pescado**: ha pescado una borrachera.

[45]**dimana**: suple; da.

[46]**lápida**: *tombstone*.

fosa. Un momento suspenden la tarea. Sacan lumbre del yesquero[47] y las colillas de tras la oreja. Fuman sentados al pie del
hoyo.

Un Sepulturero. Ese sujeto era un hombre de pluma.

Otro Sepulturero. ¡Pobre entierro ha tenido!

Un Sepulturero. Los papeles lo ponen por hombre de mérito.

Otro Sepulturero. En España el mérito no se premia. Se premia
el robar y el ser sinvergüenza. En España se premia todo lo malo.

Un Sepulturero. ¡No hay que poner las cosas tan negras!

Otro Sepulturero. ¡Ahí tienes al Pollo del Arte!

Un Sepulturero. ¿Y ése, qué ha sacado?

Otro Sepulturero. Pasarlo como un rey siendo un malasangre.
Míralo, disfrutando a la viuda de un concejal.[48]

Un Seputurero. Di un ladrón del Ayuntamiento.

Otro Sepulturero. Ponlo por dicho. ¿Te parece que una mujer
de posición se chifle[49] así por un tal sujeto?

Un Sepulturero. Cegueras. Es propio del sexo.

Otro Sepulturero. ¡Ahí tienes el mérito que triunfa! ¡Y para todo
la misma ley!

Un Sepulturero. ¿Tú conoces a la sujeta? ¿Es buena mujer?

Otro Sepulturero. Una mujer en carnes.[50] ¡Al andar, unas nalgas[51]
que le tiemblan! ¡Buena!

Un Sepulturero. ¡Releche con la suerte de ese gatera![52]

Por una calle de lápidas y cruces vienen paseando y dialo-
gando dos sombras rezagadas, dos amigos en el cortejo fúnebre
de Máximo Estrella. Hablan en voz baja y caminan lentos,
parecen almas imbuidas del respeto religioso de la muerte. El
uno, viejo caballero con la barba toda de nieve y capa española
sobre los hombros, es el céltico Marqués de Bradomín. El otro
es el índico[53] y profundo Rubén Darío.

---

[47]**yesquero**: *tinderbox.*
[48]**concejal**: regidor.
[49]**chiflarse**: enamorarse, tener sorbido el seso; volverse medio loco.
[50]**mujer en carnes**: algo gruesa.
[51]**nalgas**: asentaderas; *buttocks, rump.*
[52]**gatera**: tunante.
[53]**índico**: perteneciente o relativo a las Indias Orientales.

Rubén. ¡Es pavorosamente significativo que al cabo de tantos años nos hayamos encontrado en un cementerio!

El Marqués. En el Camposanto. Bajo ese nombre adquiere una significación distinta nuestro encuentro, querido Rubén.

Rubén. Es verdad. Ni cementerio ni necrópolis.[54] Son nombres de una frialdad triste y horrible, como estudiar Gramática. Marqués, ¿qué emoción tiene para usted necrópolis?

El Marqués. La de una pedantería académica.

Rubén. Necrópolis, para mí es como el fin de todo, dice lo irreparable y lo horrible, el perecer sin esperanza en el cuarto de un Hotel. ¿Y Camposanto? Camposanto tiene una lámpara.

El Marqués. Tiene una cúpula dorada. Bajo ella resuena religiosamente el terrible clarín extraordinario, querido Rubén.

Rubén. Marqués, la muerte muchas veces sería amable si no existiese el terror de lo incierto. ¡Yo hubiera sido feliz hace tres mil años en Atenas!

El Marqués. Yo no cambio mi bautismo de cristiano por la sonrisa de un cínico griego. Yo espero ser eterno por mis pecados.

Rubén. ¡Admirable!

El Marqués. En Grecia quizá fuese la vida más serena que la vida nuestra . . .

Rubén. ¡Solamente aquellos hombres han sabido divinizarla!

El Marqués. Nosotros divinizamos la muerte. No es más que un instante la vida, la única verdad es la muerte . . . Y de las muertes, yo prefiero la muerte cristiana.

Rubén. ¡Admirable filosofía de hidalgo español! ¡Admirable! ¡Marqués, no hablemos más de Ella!

> Callan y caminan en silencio. Los Sepultureros, acabada de apisonar la tierra, uno tras otro beben a chorro de un mismo botijo.[55] Sobre el muro de lápidas blancas, las dos figuras acentúan su contorno negro. Rubén Darío y El Marqués de Bradomín se detienen ante la mancha oscura de la tierra removida.

Rubén. Marqués, ¿cómo ha llegado usted a ser amigo de Máximo Estrella?

---

[54]**necrópolis**: ciudad de los muertos; cementerio.
[55]**botijo**: vasija de barro.

EL MARQUÉS. Max era hijo de un capitán carlista que murió a mi lado en la guerra. ¿Él contaba otra cosa?

RUBÉN. Contaba que ustedes se habían batido juntos en una revolución, allá en Méjico.

EL MARQUÉS. ¡Qué fantasía! Max nació treinta años después de mi viaje a Méjico. ¿Sabe usted la edad que yo tengo? Me falta muy poco para llevar un siglo a cuestas.[56] Pronto acabaré, querido poeta.

RUBÉN. ¿Usted es eterno, Marqués?

EL MARQUÉS. ¡Eso me temo, pero paciencia!

> Las sombras negras de LOS SEPULTUREROS—al hombro las azadas lucientes[57]—se acercan por la calle de tumbas. Se acercan.

EL MARQUÉS. ¿Serán filósofos, como los de Ofelia?

RUBÉN. ¿Ha conocido usted alguna Ofelia, Marqués?

EL MARQUÉS. En la edad del pavo[58] todas las niñas son Ofelias. Era muy pava aquella criatura, querido Rubén. ¡Y el príncipe, como todos los príncipes, un babieca![59]

RUBÉN. ¿No ama usted al divino William?

EL MARQUÉS. En el tiempo de mis veleidades[60] literarias, lo elegí por maestro. ¡Es admirable! Con un filósofo tímido y una niña boba en fuerza de inocencia, ha realizado el prodigio de crear la más bella tragedia. Querido Rubén, Hamlet y Ofelia, en nuestra dramática española, serían dos tipos regocijados. ¡Un tímido y una niña boba! ¡Lo que hubieran hecho los gloriosos hermanos Quintero![61]

RUBÉN. Todos tenemos algo de Hamletos.

EL MARQUÉS. Usted, que aún galantea. Yo, con mi carga de años, estoy más próximo a ser la calavera de Yorik.[62]

UN SEPULTURERO. Caballeros, si ustedes buscan la salida, vengan con nosotros. Se va a cerrar.

---

[56]**un siglo a cuestas**: cumplir cien años.

[57]**azadas lucientes**: *gleaming spades*.

[58]**edad del pavo**: edad de la pubertad.

[59]**babieca**: una persona tonta, estúpida.

[60]**veleidades**: antojos; caprichos.

[61]**Quintero**: Joaquín y Serafín Alvarez, populares comediógrafos españoles de fines del siglo XIX y principios del XX.

[62]**calavera de Yorik**: calavera a la que Hamlet hablaba en la obra de Shakespeare.

El Marqués. Rubén, ¿qué le parece a usted quedarnos dentro?

Rubén. ¡Horrible!

El Marqués. Pues entonces sigamos a estos dos.

Rubén. Marqués, ¿quiere usted que mañana volvamos para poner una cruz sobre la sepultura de nuestro amigo?

El Marqués. ¡Mañana! Mañana habremos los dos olvidado ese cristiano propósito.

Rubén. ¡Acaso!

> En silencio y retardándose, siguen por el camino de Los Sepultureros, que, al revolver los ángulos de las calles de tumbas, se detienen a esperarlos.

El Marqués. Los años no me permiten caminar más de prisa.

Un Sepulturero. No se excuse usted, caballero.

El Marqués. Pocos me faltan para el siglo.

Otro Sepulturero. ¡Ya habrá usted visto entierros!

El Marqués. Si no sois muy antiguos en el oficio, probablemente más que vosotros. ¿Y se muere mucha gente esta temporada?

Un Sepulturero. No falta faena.[63] Niños y viejos.

Otro Sepulturero. La caída de la hoja siempre trae lo suyo.

El Marqués. ¿A vosotros os pagan por entierro?

Un Sepulturero. Nos pagan un jornal de tres pesetas, caiga lo que caiga.[64] Hoy, a como está la vida, ni para mal comer. Alguna otra cosa se saca. Total, miseria.

Otro Sepulturero. En todo va la suerte. Eso lo primero.

Un Sepulturero. Hay familias que al perder un miembro, por cuidarle de la sepultura, pagan uno o dos o medio. Hay quien ofrece y no paga. Las más de las familias pagan los primeros meses. Y lo que es el año, de ciento, una. ¡Dura poco la pena!

El Marqués. ¿No habéis conocido ninguna viuda inconsolable?

Un Sepulturero. ¡Ninguna! Pero pudiera haberla.

El Marqués. ¿Ni siquiera habéis oído hablar de Artemisa y Mausoleo?[65]

---

[63]**faena**: trabajo.

[64]**un jornal ... caiga**: un sueldo diario de tres pesetas, suceda lo que suceda.

[65]**Artemisa y Mausoleo**: sepulcro magnífico, que la reina Artemisa mandó construir para su esposo Mausolo, rey de Caria.

UN SEPULTURERO. Por mi parte, ni la menor cosa.

OTRO SEPULTURERO. Vienen a ser tantas las parentelas que concurren a estos lugares, que no es fácil conocerlas a todas.

> Caminan muy despacio. RUBÉN, meditabundo, escribe alguna palabra en el sobre de una carta. Llegan a la puerta, rechina la verja[66] hegra. EL MARQUÉS, benevolente, saca de la capa su mano de marfil y reparte entre los enterradores algún dinero.

EL MARQUÉS. No sabéis mitología, pero sois dos filósofos estoicos. Que sigáis viendo muchos entierros.

UN SEPULTURERO. Lo que usted ordene. ¡Muy agradecido!

OTRO SEPULTURERO. Igualmente. Para servir a usted, caballero.

> Quitándose las gorras, saludan y se alejan. EL MARQUÉS DE BRADOMÍN, con una sonrisa, se arrebuja en la capa. RUBÉN DARÍO conserva siempre en la mano el sobre de la carta donde ha escrito escasos renglones. Y dejando el socaire[67] de unas bardas, se acerca a la puerta del cementerio el coche del viejo MARQUÉS.

EL MARQUÉS. ¿Son versos, Rubén? ¿Quiere usted leérmelos?

RUBÉN. Cuando los haya depurado.[68] Todavía son un monstruo.

EL MARQUÉS. Querido Rubén, los versos debieran publicarse con todo su proceso, desde lo que usted llama monstruo hasta la manera definitiva. Tendrían entonces un valor como las pruebas de aguafuerte.[69] ¿Pero usted no quiere leérmelos?

RUBÉN. Mañana, Marqués.

EL MARQUÉS. Ante mis años y a la puerta de un cementerio, no debe pronunciar la palabra mañana. En fin, montemos en el coche, que aún hemos de visitar a un bandolero. Quiero que usted me ayude a venderle a un editor el manuscrito de mis Memorias. Necesito dinero. Estoy completamente arruinado desde que tuve la mala idea de recogerme

---

[66]**rechina la verja**: *the door squeaks.*

[67]**socaire**: abrigo.

[68]**depurado**: pulido.

[69]**aguafuerte**: lámina o grabado al agua fuerte.

a mi Pazo de Bradomín. ¡No me han arruinado las mujeres, con haberlas amado tanto, y me arruina la agricultura!

Rubén. ¡Admirable!

El Marqués. Mis Memorias se publicarán después de mi muerte. Voy a venderlas como si vendiese el esqueleto. Ayudémonos.

Teoría Literaria

Don Ramón, "el de las barbas de chivo", como lo había llamado Rubén Darío, define su posición estética en esta obra. Como profesor de Estética de la escuela de Bellas Artes (1916) tuvo que formalizar, sin duda, su filosofía acerca de la obra literaria y del papel del poeta en el proceso creativo. Sobre las cuatro columnas de la belleza, la música, el amor y la ética edifica su credo estético. Las ideas de *La lámpara maravillosa*, que lleva el subtítulo de "Ejercicios espirituales", revelan la profunda influencia de Miguel de Molinos y de su quietismo espiritual en el quietismo estético de Valle. Finalmente, hay que señalar que la ruta literaria de Valle pasa por los campos tranquilos del quietismo modernista y desemboca en un ultraísmo marcado.

La lámpara maravillosa

EL ANILLO DE GIGES[1]

Cuando yo era mozo, la gloria literaria y la gloria aventurera me tentaron por igual. Fue un momento lleno de voces oscuras, de un vasto rumor ardiente y místico, para el cual se hacía sonoro todo mi ser como un caracol de los mares. De aquella gran voz atávica[2] y desconocida sentí el aliento como un vaho[3] de horno, y el son como un murmullo de marea que me llenó de inquietud y de perplejidad. Pero los sueños de aventura, esmaltados con los colores del blasón, huyeron como los pájaros del nido. Sólo alguna vez, por el influjo de la Noche, por el influjo de la Primavera, por el influjo de la Luna, volvían a posarse y a cantar en los jardines del alma, sobre un ramaje de lambrequines[4]... Luego dejé de oírlos para siempre. Al cumplir los treinta años, hubieron de cercenarme[5] un brazo, y no sé si remontaron el vuelo

---

[1]**Giges**: Rey de Lidia que según Herodoto tenía un anillo que lo hacía invisible.
[2]**atávico**: ancestral.
[3]**vaho**: vapor.
[4]**lambrequín**: adorno generalmente en forma de hojas de acanto en terminología heráldica.
[5]**cercenar**: cortar.

o se quedaron mudos. ¡En aquella tristeza me asistió el amor de las musas! Ambicioné beber en la sagrada fuente, pero antes quise escuchar los latidos de mi corazón y dejé que hablasen todos mis sentidos. Con el rumor de sus voces hice mi *Estética*.

De niño, y aun de mozo, la historia de los capitanes aventureros, violenta y fiera, me había dado una emoción más honda que la lunaria tristeza de los poetas: Era el estremecimiento y el fervor con que debe anunciarse la vocación religiosa. Yo no admiraba tanto los hechos hazañosos como el temple[6] de las almas, y este apasionado sentimiento me sirvió, igual que una hoguera, para purificar mi Disciplina Estética. Me impuse normas luminosas y firmes como un cerco de espadas. Azoté sobre el alma desnuda y sangrienta con cíngulo[7] de hierro. Maté la vanidad y exalté el orgullo. Cuando en mí se removieron las larvas del desaliento, y casi me envenenó una desesperación mezquina, supe castigarme como pudiera hacerlo un santo monje tentado del Demonio. Salí triunfante del antro[8] de las víboras y de los leones. Amé la soledad y, como los pájaros, canté sólo para mí. El antiguo dolor de que ninguno me escuchaba se hizo contento. Pensé que estando solo podía ser mi voz más armoniosa, y fui a un tiempo árbol antiguo, y rama verde, y pájaro cantor.

Si hubo alguna vez oídos que me escucharon, yo no lo supe jamás. Fue la primera de mis Normas.

I

> Sé como el ruiseñor, que no mira a la tierra desde la rama verde donde canta.

En este amanecer de mi vocación literaria hallé una extrema dificultad para expresar el secreto de las cosas, para fijar en palabras su sentido esotérico, aquel recuerdo borroso de algo que fueron, y aquella aspiración inconcreta de algo que quieren ser. Yo sentía la emoción del mundo místicamente, con la boca sellada por los siete sellos her-

---

[6]**temple**: naturaleza; arrojo, valentia.
[7]**cíngulo**: cordón o cinta de seda o lino que se usa alrededor de la cintura.
[8]**antro**: cueva, caverna, guarida.

méticos, y mi alma en la cárcel de barro temblaba con la angustia de ser muda. Pero antes del empeño febril por alcanzar la expresión evocadora, ha sido el empeño por fijar dentro de mí lo impreciso de las sensaciones. Casi siempre se disipaba al querer concretarlo: Era algo muy vago, muy lejano, que había quedado en los nervios como la risa, como las lágrimas, como la memoria oscura de los sueños, como un perfume sutil y misterioso que sólo se percibe en el primer momento que se aspira. Y cuando del arcano de mis nervios lograba arrancar la sensación, precisarla y exaltarla, venía el empeño por darle vida en palabras, la fiebre del estilo, semejante a un estado místico, con momentos de arrobo[9] y momentos de aridez y desgana. En esta rebusca, al cabo logré despertar en mí desconocidas voces y entender su vario murmullo, que unas veces me parecía profético y otras familiar, cual si de pronto el relámpago alumbrase mi memoria, una memoria de mil años. Pude sentir un día en mi carne, como una gracia nueva, la frescura de las hierbas, el cristalino curso de los ríos, la sal de los mares, la alegría del pájaro, el instinto violento del toro. Otro día, sobre la máscara de mi rostro, al mirarme en un espejo, vi modelarse cien máscaras en una sucesión precisa, hasta la edad remota en que aparecía el rostro seco, barbudo y casi negro de un hombre que se ceñía los riñones con la piel de un rebeco,[10] que se alimentaba con miel silvestre y predicaba el amor de todas las cosas con rugidos. Otro día logré concretar la forma de mi Daemonium.[11] Ya lo había entrevisto cuando niño, bajo los nogales de un campo de romerías.[12] Es un aldeano menudo, alegre y viejo, que parece modelado con la precisión realista de un bronce romano, de un pequeño Dionisos.[13] Baila siempre en el bosque de los nogales, sobre la hierba verde, a un son cambiante, moderno y antiguo, como si en la flauta panida[14] oyese el preludio de las canciones nuevas. Cuando logré concretar esta figura, tantas veces entrevista bajo el pabellón de mi cuna, creí llegado el momento. Todas las larvas de mi reino interior eran advertidas, las sentía removerse como

---

[9] **arrobo**: arrebato, éxtasis, rapto.
[10] **rebeco**: cabra montés que existe en los Picos de Europa.
[11] **Daemonium**: un espíritu interior que inspiraba o protegía.
[12] **romería**: peregrinación.
[13] **Dionisos**: Baco.
[14] **panida**: Relativo a la flauta de Pan, un dios mitológico.

otros tantos arcanos, y había aprendido a oir las voces más lejanas. Entonces alcancé la segunda norma de mi Disciplina Estética.

II

> El poeta solamente tiene algo suyo que revelar a los otros cuando la palabra es impotente para la expresión de sus sensaciones: tal aridez es el comienzo del estado de gracia.

¡Qué mezquino, qué torpe, qué difícil balbuceo[15] el nuestro para expresar este deleite de lo inefable que reposa en todas las cosas con la gracia de un niño dormido! ¿Con cuáles palabras decir la felicidad de la hoja verde y del pájaro que vuela? Hay algo que será eternamente hermético e imposible para las palabras. ¡Cuántas veces al encontrarme bajo las sombras de un camino al viñador, al mendigo peregrinante,[16] al pastor infantil que vive en el monte guardando ovejas y contando estrellas, me dijeron sus almas con los labios mudos, cosas más profundas que las sentencias de los infolios![17] Ningún grito de la boca, ningún signo de la mano puede cifrar ese sentido remoto del cual apenas nos damos cuenta nosotros mismos, y que, sin embargo, nos penetra con un sentimiento religioso. Nuestro ser parece que se prolonga, que se difunde con la mirada, y que se suma en la sombra grave del árbol, en el canto del ruiseñor, en la fragancia del heno. Esta conciencia casi divina nos estremece como un aroma, como un céfiro, como un sueño, como un anhelo religioso.

Recuerdo un caso de mi vida: Era en el mes de diciembre, ya cerca de la Navidad. Yo volvía de un ferial con mi criado, y antes de montar para ponerme al camino, había fumado bajo unas sombras gratas mi pipa de cáñamo índico.[18] Hacíamos el retorno con las monturas muy cansadas. Pasaba de la media tarde, y aún no habíamos atravesado los Pinares del Rey. Nos quedaban tres leguas largas de andadura, y para atajar llevábamos los caballos por un desfiladero[19] de ovejas.

---

[15]**balbuceo**: tartamudeo, masculleo.
[16]**mendigo peregrinante**: pordiosero caminante.
[17]**infolio**: libro en folio.
[18]**cáñamo índico**: marijuana de la India.
[19]**desfiladero**: paso, cañada.

Mirando hacia abajo se descubrían tierras labradas con una geometría ingenua, y prados cristalinos entre mimbrales.[20] El campo tenía una gracia inocente bajo la lluvia. Los senderos de color barcino[21] ondulaban cortando el verde de los herberos y la geometría de las siembras. Cuando el sol rasgaba la boira,[22] el campo se entonaba de oro con la emoción de una antigua pintura, y sobre la gracia inocente de los prados, y en el tablero de las siembras, los senderos parecían las flámulas[23] donde escribían las leyendas de sus cuadros los viejos maestros de aquel tiempo en que las sombras de los santos peregrinaban por los senderos de Italia. Atajábamos[24] la Tierra de Salnés, donde otro tiempo estuvo la casa de mis abuelos, y donde yo crecí desde zagal a mozo endrino.[25] Sin embargo, aquellos parajes monteses no los había traspuesto jamás. Íbamos tan cimeros,[26] que los valles se aparecían lejanos, miniados,[27] intensos, con el translúcido de los esmaltes. Eran regazos de gracia, y los ojos se santificaban en ellos. Pero nada me llenó de gozo como el ondular de los caminos a través de los herbales y las tierras labradas. Yo los reconocía de pronto con una sacudida. Reconocía las encrucijadas abiertas en medio del campo, los vados de los arroyos, las sombras de los cercados. Aquel aprendizaje de las veredas diluido por mis pasos en tantos años, se me revelaba en una cifra, consumado en el regazo de los valles, cristalino por el sol, intenso por la altura, sagrado como un número pitagórico.[28] Fui feliz bajo el éxtasis de la suma, y al mismo tiempo me tomó un gran temblor comprendiendo que tenía el alma desligada. Era otra vida la que me decía su anuncio en aquel dulce desmayo del corazón y aquel terror de la carne. Con una alegría coordinada y profunda, me sentí enlazado con la sombra del árbol, con el vuelo del pájaro, con la peña del monte.

---

[20]**mimbral**: *willow grove.*
[21]**barcino**: pardo.
[22]**boira**: (Aragón) niebla.
[23]**flámula**: gallardete, insignia militar.
[24]**atajar**: cruzar.
[25]**endrino**: *darkened by the sun.*
[26]**cimero**: alto.
[27]**miniado**: pintado en miniatura.
[28]**pitagórico**: que sigue la filosofía de Pitágoras, matemático y filósofo griego (582 a. de J.C.).

La Tierra de Salnés estaba toda en mi conciencia por la gracia de la visión gozosa y teologal. Quedé cautivo, sellados los ojos por el sello de aquel valle hondísimo, quieto y verde, con llovizna y sol, que resumía en una comprensión cíclica todo mi conocimiento cronológico de la Tierra de Salnés.

III

El éxtasis es el goce de ser cautivo en el círculo de una emoción tan pura, que aspira a ser eterna. ¡Ningún goce y ningún terror comparable a éste de sentir el alma desprendida!

Recuerdo también una tarde, hace muchos años, en la catedral leonesa. Yo vagaba en la sombra de aquellas bóvedas con el alma cubierta de lejanas memorias. Ya entonces comenzaba mi vida a ser como el camino que se cubre de hojas en Otoño. Había entrado buscando un refugio, agitado por el tumulto angustioso de las ideas, y de pronto mi pensamiento quedó como clavado en un dolor quieto y único. La luz en las vidrieras celestiales tenía la fragancia de las rosas, y mi alma fue toda en aquella gracia como en un huerto sagrado. El dolor de vivir me llenó de ternura, y era mi humana conciencia llena de un amoroso bien, difundido en las rosas maravillosas de los vitrales, donde ardía el sol. Amé la luz como la esencia de mí mismo, las horas dejaron de ser la sustancia eternamente transformada por la intuición carnal de los sentidos, y bajo el arco de la otra vida, despojado de la conciencia humana, penetré cubierto con la luz del éxtasis. ¡Qué sagrado terror y qué amoroso deleite! Aquella tarde tan llena de angustia aprendí que los caminos de la belleza son místicos caminos por donde nos alejamos de nuestros fines egoístas para transmigrar en el Alma del Mundo. Esta emoción no puede ser cifrada en palabras. Cuando nos asomamos más allá de los sentidos, experimentamos la angustia de ser mudos. Las palabras son engendradas por nuestra vida de todas las horas, donde las imágenes cambian como las estrellas en las largas rutas del mar, y nos parece que un estado del alma exento de mudanza, finaría[29] en el acto de ser. Y, sin embargo, ésta es la ilusión fundamental del éxtasis, momento único en que las horas no fluyen, y el antes y el después se juntan como las manos para rezar. Beatitud y quietud, donde

---

[29]**finar:** morir.

el goce y el dolor se hermanan, porque todas las cosas al definir su belleza se despojan de la idea del Tiempo.

IV

La belleza es la intuición de la unidad, y sus caminos, los místicos caminos de Dios.

Los idiomas son hijos del arado. De los surcos[30] de la siembra vuelan las palabras con gracia de amanecida, como vuelan las alondras.[31] La pampa argentina y la guazteca mexicana[32] crearon una lengua suya, porque desenvuelven sus labranzas[33] en trigales y maizales de cientos de leguas, como nunca vieran los viejos labradores del agro[34] romano. Los idiomas son hijos del arado y de la honda[35] del pastor. Caín tuvo labranzas, y rebaños Abel. Labranzas y ganados ocuparon la mente del hombre en el albor del mundo, después de la caída. ¡La mente del hombre que ya estaba llena de la idea de Dios! Así advertimos en las más viejas lenguas una profunda capacidad teológica, y una agreste[36] fragancia campesina. El pensamiento toma su forma en las palabras como el agua en la vasija. Las palabras son en nosotros y viven por el recuerdo con vida entera, cuando pensamos. La mengua de nuestra raza se advierte con dolor y rubor al escuchar la plática de aquellos que rigen el carro y pasan coronados al son de los himnos. Su lenguaje es una baja contaminación: francés mundano, inglés de circo y español de jácara.[37] El romance severo, altivo, grave, sentencioso, sonoro, no está ni en el labio ni en el corazón de donde fluyen las leyes. Y de la baja sustancia de las palabras están hechas las acciones. La entereza y castidad mental del vasco se advierte en los sones de su lengua, y la condición del brusco catalán asoma en su romance, que porta el olor de los pinos montañeses con la brea de los bajeles piratas y la sal

---

[30]**surco**: cortadora que hace el arado en la tierra.
[31]**alondra**: *lark.*
[32]**la pampa . . . mexicana**: *the Argentine plain and the Mexican Huasteca.*
[33]**labranza**: cultivo del campo, agricultura.
[34]**agro**: campo, tierra.
[35]**honda**: *slingshot.*
[36]**agreste**: campestre.
[37]**de jácara**: de cuento, de vida airada.

del mar. La urgencia y cordura que hubo la Vieja Castilla en dictar fueros[38] y ordenaciones, conforme cobraba sus villas de mano del moro, están en el bronce templado de su castellano. Y en el latín galaico[39] cantan como en geórgicas[40] las faenas del campo con mitos y dioses, presididas por las fases de la Luna, regidora de siembras, de ferias y de recolecciones. Tres romances son en las Españas: catalán de navegantes, galaico de labradores, castellano de sojuzgadores. Los tres pregonan lo que fueron, ninguno anuncia el porvenir.

Toda mudanza sustancial en los idiomas es una mudanza en las conciencias, y el alma colectiva de los pueblos, una creación del verbo más que de la raza. Las palabras imponen normas al pensamiento, lo encadenan, lo guían y le muestran caminos imprevistos, al modo de la rima. Los idiomas nos hacen, y nosotros los deshacemos. Ellos abren los ríos por donde han de ir las emigraciones de la Humanidad. Vuelan de tierra en tierra, unas veces entre rebaños y pastores; otras, en la púrpura sangrienta de un emperador; otras, renovando la dorada fábula de los Argonautas,[41] sobre la vela de las naves, con sol y con viento del mar. En las alas con que volaron cuando eran invasoras se mantienen muchos siglos las maternas lenguas, y declinan de aquel vuelo originario cuando nace una nueva conciencia. El espíritu primitivo—pastoril, guerrero o mitológico—deja de animarlas, nace otro espíritu en ellas y abre círculos distintos. El encontrado batallar del alma humana agranda la cárcel de los idiomas, y a veces sus combates son tan recios, que la quiebran. Y a veces los idiomas son tan firmes en sus cercos, que nuestras pobres almas no hallan espacio para abrir las alas, y otras almas elegidas, místicas y sutiles, dado que puedan volar, no pueden expresar su vuelo. Los idiomas nos hacen, y nosotros hemos de deshacerlos. Triste destino el de aquellas razas enterradas en el castillo hermético de sus viejas lenguas, como las momias de las remotas dinastías egipcias, en la hueca sonoridad de las Pirámides. Tristes vosotros, hijos de la Loba latina[42] en la ribera de tantos mares, si vuestras liras no quebrantan todas las cadenas con que os aprisiona la tradición del Habla. ¡Y más triste el destino de vuestros nietos, si

[38]**fueros**: leyes, privilegios.
[39]**galaico**: gallego.
[40]**geórgicas**: poesía bucólica; por antonomasia se entienden las de Virgilio.
[41]**Argonautas**: héroes griegos que según la mitología viajaron en la nave Argos en busca del vellocino de oro.
[42]**Loba latina**: la loba que amamantó a Rómulo y Remo.

en lo por venir no engendran dialectos suyos, ciclos de una nueva
conciencia en la lengua de los conquistadores! Al final de la Edad
Media, bajo el arco triunfal del Renacimiento, estaba la sombra de
Platón[43] meditando ante el mar azul poblado de sirenas. ¿Qué sombra
espera bajo los arcos del Sol al fin de Nuestra Edad?

V

En la ética futura se guardan las normas de la futura estética.
Tres lámparas alumbran el camino: temperamento, sentimiento,
conocimiento.

En la imitación del siglo que llaman de oro, nuestro romance castellano dejó de ser como una lámpara en donde ardía y alumbraba el
alma de la raza. Desde entonces, sin recibir el más leve impulso vital,
sigue nutriéndose de viejas controversias y de jactancias soldadescas.
Se sienten en sus lagunas muertas las voces desesperadas de algunas
conciencias individuales, pero no se siente la voz unánime, suma de
todas y expresión de una conciencia colectiva. Ya no somos una raza
de conquistadores y de teólogos, y en el romance alienta siempre esa
ficción. Ya no es nuestro el camino de las Indias, ni son españoles los
Papas, y en el romance perdura la hipérbole barroca,[44] imitada del
viejo latín cuando era soberano del mundo. Ha desaparecido aquella
fuerza hispana donde latían como tres corazones la fortuna en la guerra, la fe católica y el ansia de aventuras, pero en la blanda cadena de
los ecos sigue volando el engaño de su latido, semejante a la luz de la
estrella que se apagó hace mil años . . . Nuestra habla, en lo que más
tiene de voz y de sentimiento nacional, encarna una concepción del
mundo, vieja de tres siglos. En el romance de hogaño[45] no alumbra
una intuición colectiva, conciencia de la raza dispersa por todas las
playas del mar, poblando siempre en las viejas colonias. El habla
castellana no crea de su íntima sustancia el enlace con el momento
que vive el mundo. No lo crea, lo recibe de ajeno. Poetas, degollad
vuestros cisnes[46] y en sus entrañas escrutad el destino. La onda cordial
de una nueva conciencia sólo puede brotar de las liras.

---

[43]**Platón**: filósofo griego (428–347 a. de J.C.). Escribió entre otras obras *La
República* y *El Político*.
[44]**hipérbole barroca**: exageración retorcida y sobrecargada de adorno.
[45]**hogaño**: en el presente año; en esta época.
[46]**degollad . . . cisnes**: alusión al cisne que representaba al modernismo.

Era nuestro romance castellano, aun finalizando el siglo XV, claro y breve, familiar y muy señor. Se entonaba armonioso, con gracia cabal, en el labio del labrador, en el del clérigo y en el del juez. La vieja sangre romana aparecía remozada[47] en el nuevo lenguaje de la tierra triguera[48] y barcina. El tempero[49] jocundo y dionisíaco,[50] la tradición de sementeras y de vendimias,[51] el grave razonar de leyes y legistas,[52] fueron los racimos de la vid latina por aquel entonces estrujados en el ancho lagar[53] de Castilla. Y quebrantó esta tradición campesina, jurídica y antrueja un infante aragonés robando a una infanta castellana, para casar con ella y con ella reinar por la calumnia y la astucia. Fernando V[54] traía con las rachas[55] del mar Mediterráneo un recuerdo de aventuras en Grecia y la ambición de conquistas en Italia. Castilla tuvo entonces un gesto ampuloso[56] viendo volar sus águilas en el mismo cielo que las águilas romanas. Olvidó su ser y la sagrada y entrañable gesta de su naciente habla, para vivir más en la imitación de una latinidad decadente y barroca. Desde aquel día se acabó en los libros el castellano al modo del Arcipreste Juan Ruiz. Las Españas eran la nueva Roma. El castellano quiso ser el nuevo latín, y hubo cuatro siglos hasta hoy de literatura jactanciosa[57] y vana.

Ya nuestro gesto no es para el mundo. Volvamos a vivir en nosotros y a crear para nosotros una expresión ardiente, sincera y cordial. Desde hace muchos años, día a día, en aquello que me atañe, yo trabajo cavando la cueva donde enterrar esta hueca y pomposa prosa castiza, que ya no puede ser la nuestra cuando escribamos, si sentimos el imperio de la hora. Aparentemente, tal manera perdura porque miramos las palabras como si fuesen relicarios y no corazones vivos. Las amamos más y nos parecen más bellas cuando guardan huesos y cenizas.

---

[47]**remozado**: rejuvenecido.
[48]**triguero**: *wheat*.
[49]**tempero**: buena sazón que adquiere la tierra con la lluvia.
[50]**dionisíaco**: relativo a Baco o a Dionisio, dios griego del vino.
[51]**de sementeras y de vendimias**: siembras y cosechas.
[52]**legista**: abogado.
[53]**lagar**: *wine press*.
[54]**Fernando V**: Fernando V de Aragón (1452–1516), el católico. Casó con Isabel I de Castilla y bajo su reinado se unificó España.
[55]**racha**: raja, ráfaga.
[56]**ampuloso**: hinchado, exagerado.
[57]**jactanciosa**: pedante, vanidosa.

Las palabras son estáticas y se perenniza en ellas el sentimiento fugaz de que nacieron, dándonos la ilusión de que no hubo mudanza en nuestra conciencia. Desterremos para siempre aquel modo castizo, comentario de un gesto desaparecido con las conquistas y las guerras. Amemos la tradición, pero en su esencia, y procurando descifrarla como un enigma que guarda el secreto del Porvenir. Yo para mi ordenación tengo como precepto no ser histórico ni actual, pero saber oir la flauta griega. Cuanto más lejana es la ascendencia hay más espacio ganado al porvenir. La rosa se deshoja a poco de nacer, y para nuestras ilusiones el cristal no nace ni muere. El Arte es bello porque suma en las formas actuales evocaciones antiguas, y sacude la cadena de siglos, haciendo palpitar ritmos eternos, de amor y de armonía.

VI

La belleza es la posibilidad que tienen todas las cosas para crear y ser amadas.

EL QUIETISMO[58] *ESTÉTICO*

Toledo es una vieja ciudad alucinante. Yo he sentido bajo sus arcos que se desmoronan el paso de la muerte, la densidad de los siglos, el fluir continuo de las horas como la arena de un reloj . . . Las crónicas, las leyendas, los crímenes, los sudarios,[59] los romances, toda una vida de mil años parece que se condensa en la tela de una araña, en el huso de una vieja, en el vaivén de un candil. Sentimos cómo en el grano de polvo palpita el enigma del Tiempo. Toledo es alucinante con su poder de evocación. Bajo sus arcos poblados de resonancias se experimenta el vértigo como ante los abismos y las deducciones de la Teología. Estas piedras viejas tienen para mí el poder maravilloso del cáñamo índico, cuando dándome la ilusión de que la vida es un espejo que pasamos a lo largo del camino, me muestra en un instante los rostros entrevistos en muchos años. Toledo tiene ese poder místico. Alza las losas

---

[58]**Quietismo**: Doctrina de Miguel de Molinos (1628–1696) que profesaba una posición pasiva, nirvanesca ante el misticismo. Escribió *Guía espiritual* (1675).
[59]**sudario**: lienzo en que se envuelve un difunto.

de los sepulcros y hace desfilar los fantasmas en una sucesión más angustiosa que la vida.

La ciudad alucinante ha tenido un artista también alucinante que alumbra como un cirio de cera en esta gran penumbra de piedras góticas: Domenico Theotocópuli [60]tiene la luz y tiene el temblor de los cirios en una procesión de encapuchados y disciplinantes. Parece estremecido por un rezo de brujas. Cuando se penetra en las iglesias donde están sus pinturas, aún escuchamos el vuelo de aquel espíritu bajo las lámparas de los altares, un vuelo misterioso y tenebroso que junta los caprichos del murciélago[61] y la quietud estática de la Paloma Eucarística.[62] En la penumbra de las capillas los cuadros dan una impresión calenturienta, porque todas las cosas que están en ellos han sufrido una transfiguración. Sobre los fondos de una laca veneciana[63] y profunda están los rostros pálidos que nos miran desde una ribera muy lejana. Las manos tienen actitudes cabalísticas,[64] algo indescifrable que enlaza un momento efímero con otro momento lleno de significación y de taumaturgia.[65] Esta misma significación, esta misma taumaturgia, tiene el ámbito sepulcral de Toledo. En el vértigo de evocaciones que producen sus piedras carcomidas,[66] prevalece la idea de la muerte como en el trágico y dinámico pincel de Domenico Theotocópuli.

I

> Todas las cosas se mueven por estar quietas, y el vértigo del torbellino es el último tránsito para su quietud. Atracción es amor, y amor es gracia estática.

Toledo es a modo de un sepulcro que guarda en su fondo huesos heroicos recubiertos con el sórdido jirón de la mortaja,[67] y cuando todas

---

[60]**Domenico Theotocópuli** (1544–1614): llamado El Greco; pintor español.

[61]**murciélago**: *bat*.

[62]**Paloma Eucarística**: símbolo católico de la presencia de Cristo en la Eucaristía.

[63]**laca veneciana**: *lacquer from Venice* (said of artifacts on which it was used decoratively).

[64]**cabalístico**: misterioso, enigmático.

[65]**taumaturgia**: lo milagroso, lo estupendo.

[66]**carcomido**: desmoronado; *crumbling*.

[67]**sórdido . . . mortaja**: lienzo sucio que envuelve al cadáver.

sus piedras se hayan convertido en polvo, se nos aparecerá más bello, bello como un recuerdo. Toledo sólo tiene evocaciones literarias, y es tan angustioso para los ojos como lleno de encanto para la memoria. En nuestras creaciones bellas y mortales, las imágenes del mundo nunca están como los ojos las aprenden, sino como adecuaciones al recuerdo. En el recuerdo todas las cosas aparecen quietas y fuera del momento, centros en círculos de sombra. El recuerdo da a las imágenes la intensidad y la definición de unidades, al modo de una visión cíclica. El recuerdo es la alquimia que depura todas las imágenes y hace de nuestra emoción el centro de un círculo, igual al ojo del pájaro en la visión de altura. Las nociones de lugar y de tiempo se corresponden como valores del quietismo estético: El águila, cuando vuela muy alto, parece tener las alas quietas, y todas las cosas que pasaron y son recordadas quedan inmóviles en nosotros, creando la unidad de conciencia. La quietud es la suprema norma. Si purificásemos nuestras creaciones bellas y mortales de la vana solicitación de la hora que pasa, se revelarían como eternidades. Todas las imágenes del mundo son imperecederas y sólo es mudable nuestra ordenación de las unas con las otras. Con relación a lo inmutable, todo es inmutable, y el alma que sabe hacerse quieta se convierte en centro, de tal suerte que, en la relación con ella, todo queda polarizado e inmóvil. El encanto del tiempo pasado está en la quietud con que se representa en el recuerdo. Así, las viejas y deleznables ciudades castellanas son siempre más bellas recordadas que contempladas, ciudades como aquellas desaparecidas hace mil años, las que nunca hemos visto, y las mismas ciudades malditas castigadas y abrasadas por el fuego del Señor.

II

En las creaciones del arte, las imágenes del mundo son adecuaciones al recuerdo donde se nos representan fuera del tiempo, en una visión inmutable.

De todas las rancias[68] ciudades españolas, la que parece inmovilizada en un sueño de granito, inmutable y eterno, es Santiago de Compostela. La ciudad de las conchas acendra su aroma piadoso como las rosas que en las estancias cerradas exhalan al marchitarse su más delicada

---

[68]**rancio**: antiguo, tradicional.

fragancia. Rosa mística de piedra, flor romántica y tosca,[69] como en el tiempo de las peregrinaciones, conserva una gracia ingenua de viejo latín rimado. Día por día, la oración de mil años renace en el tañido de sus cien campanas, en la sombra de sus pórticos con santos y mendigos, en el silencio sonoro de sus atrios con flores franciscanas entre la juntura de las losas, en el verdor cristalino de sus campos de romerías,[70] con aquellos robles de excavado tronco que recuerdan las viviendas de los ermitaños.

En esta ciudad petrificada huye la idea del Tiempo. No parece antigua, sino eterna. Tiene la soledad, la tristeza y la fuerza de una montaña. Sus piedras no exhalan esa impresión de polvo, de vejez y de muerte que exhalan las ruinas de Toledo. En su arquitectura, la piedra tiene una belleza tenaz macerada[71] de quietismo, y las ciudades castellanas son deleznables y sórdidas como esos pináculos de calaveras que se desmoronan en los osarios.[72] Ciudades amarillas, calcinadas y desencantadas, recuerdan el todo vanidad de las cosas humanas. Acaso sus hastiales[73] de adobe tienen las evocaciones de una crónica que en bárbaro latín reza loores[74] de santos y hazañas de reyes; acaso sus claustros que se desmoronan bajo el encalado[75] moruno[76] juntan a la emoción ascética una emoción literaria, pero su ámbito[77] sin resonancias nunca es bello con la belleza de la arquitectura, toda fuerza y armonía, sonoridad y quietud. El romance es lo único que vive con vida potente en el cerco de estas ciudades de adobe, donde sólo por acaso se encuentra algún sillar[78] más fuerte que los siglos. Y Compostela, como sus peregrinos de calva sien[79] y resplandeciente faz, está llena de una emoción ingenua y romántica de que carece Toledo. Toledo es en todos sus momentos la calavera que ríe con tres dientes sobre el infolio de un

---

[69]**tosco**: agreste, cerril.

[70]**romería**: viaje hecho por devoción; fiesta.

[71]**macerado**: golpeado, machacado.

[72]**osario**: sepultura.

[73]**hastial**: *gable end*.

[74]**loor**: alabanza.

[75]**encalado**: blanqueo con cal.

[76]**moruno**: moro.

[77]**ámbito**: recinto.

[78]**sillar**: piedra angular.

[79]**calva sien**: *bald*.

anacoreta,[80] y dice que todo es polvo. La ciudad castellana, evocadora como una crónica, sabe de reyes y de reinas, de abades y de condes, de frailes inquisidores y de judíos mercaderes. En Toledo cada hora arrastró un fantasma distinto. Pero Compostela, inmovilizada en el éxtasis de los peregrinos, junta todas sus piedras en una sola evocación, y la cadena de siglos tuvo siempre en sus ecos la misma resonancia. Allí las horas son una misma hora, eternamente repetida bajo el cielo lluvioso.

III

Sólo buscando la suprema inmovilidad de las cosas puede leerse en ellas el enigma bello de su eternidad.

---

[80]**anacoreta:** persona que vive en un lugar solitario.

Poesía

La poesía de Valle-Inclán consta de tres libros: *Aromas de leyenda* (1907), *La pipa de kif* (1919), y *El pasajero* (1920). Los tres libros reunidos en un solo volumen han sido publicados con el nombre de *Claves líricas*. La poesía de Valle, igual que su prosa, es modernista en un principio y gradualmente se torna vanguardista. La descripción que hace de su sensibilidad en "Rosa de sanatorio" de "Cubista, futurista y estridente" se puede aplicar a su segunda forma de expresión. De las once poesías reproducidas aquí, las dos primeras son de *Aromas de leyenda*, las seis siguientes de *El pasajero* y las tres últimas de *La pipa de kif*.

No Digas de Dolor

Hay una casa hidalga
a un lado del camino,
y en el balcón de piedra
que decora la hiedra,[1]
ladra un perro cansino.
¡Ladra a la caravana
que va por el camino!

Duerme la casa hidalga
de un jardín en la sombra.
En aquel jardín viejo
el silencio es consejo,
y la voz nada nombra.
¡El misterio vigila,
sepultado en la sombra!

En el fondo de mirtos[2]
del jardín señorial,

---

[1]**hiedra:** *ivy.*
[2]**mirto:** *myrtle.*

glosa oculta una fuente
el enigma riente
de su alma de cristal.
¡La fuente arrulla el sueño
del jardín señorial!

Y en el balcón de piedra
una niña sonríe
detrás de los cristales,
entre los matinales
oros, que el sol deslíe.
¡Detrás de la vidriera,
la niña se sonríe!...

Los desvalidos hacen
un alto en la mañana.
El dolor pordiosero[3]
gime desde el sendero
la triste caravana.
¡El dolor de nacer
y el de vivir mañana!

¡El dolor de la vida,
que es temor y dolor!...
¡Hermano peregrino
que vas por mi camino,
a los labios en flor
detrás de unos cristales,
no digas de dolor!

FUXE MEU MENIÑO
QUE VOU A CHORAR.
SÉNTATE N'A PORTA,
A VER CHOVISCAR.[4]

---

[3]**pordiosero**: mendigo; pedigüeño.
[4]Huye mi pequeño
Que voy a llorar.
Siéntate en la puerta,
Para ver lloviznar.

Flor de la Tarde

Por la senda roja, entre maizales,
guían sus ovejas los niños zagales
volteando las hondas con guerrero ardor,
y al flanco caminan, como paladines[1]
del manso rebaño, los fuertes mastines,
albos los colmillos, el ojo avizor.[2]

Tañen las esquilas[3] lentas, soñolientas.
Las ovejas madres acezan sedientas
por la fuente clara de claro cristal.
Y ante el sol que muere, con piafante[4] brío
se yergue en dos patas el macho cabrío,[5]
y un epitalamio[6] reza el maizal.

---

[1]**paladín**: héroe, campeón, defensor.
[2]**ojo avizor**: sobre aviso.
[3]**esquila**: campana, cencerro.
[4]**piafante**: *pawing, stamping.*
[5]**macho cabrío**: cabra; el diablo.
[6]**epitalamio**: poema compuesto en celebración de una boda.

En el oloroso atrio de la ermita
donde penitente vivió un cenobita,[7]
la fontana late como un corazón.
Y pone en el agua yerbas olorosas
una curandera,[8] murmurando prosas
que rezo y conjuro juntamente son.

Como en la leyenda de aquel penitente,
un pájaro canta al pie de la fuente,
de la fuente clara de claro cristal.
¡Cristal de la fuente, trino cristalino,
armoniosamente se unen en un trino,
que aroman las rosas del Santo Grial.[9]

SOBRE SOL E LUA,
VOA UN PAXARIÑO
QUE LEVA UNHA ROSA
A JESÚS MENIÑO.[10]

---

[7]**cenobita**: ermitaño.
[8]**curandera**: médico charlatán; *a healer.*
[9]**Santo Grial**: el cáliz usado por Cristo en la última cena.
[10]Sobre el sol y la luna,
Vuela un pajarito,
Que lleva una rosa,
Al niñito Jesús.

Rosa Hiperbólica

Va la carreta bamboleante[1]
por el camino, sobre una foz,[2]
el can al flanco va jadeante,[3]
dentro una sombra canta sin voz:

—Soñé laureles, no los espero,
y tengo el alma libre de hiel.[4]
¡No envidio nada, si no es dinero!
¡Ya no me llama ningún laurel!

Pulsan las penas en la ventana,
vienen de noche con su oración,
mas aún alegran en la mañana
los gorriones[5] de mi balcón.

---

[1]**bamboleante**: oscilante.
[2]**foz**: angostura de un valle profundo.
[3]**jadeante**: que respira con trabajo.
[4]**hiel**: amargura.
[5]**gorrión**: *sparrow*.

Echéme al mundo de un salto loco,
fui peregrino sobre la mar,
y en todas partes pecando un poco,
dejé mi vida como un cantar.

No tuve miedo, fui turbulento,
miré en las simas[6] como en la luz.
Di mi palabra con mi alma al viento,
como una espada llevo mi cruz.

Yo marcho solo con mis leones
y la certeza de ser quien soy.
El diablo escucha mis oraciones.
Canta mi pecho: ¡Mañana es Hoy!

Va la carreta bamboleante
por el camino, sobre una foz,
el can al flanco va jadeante,
dentro una sombra canta sin voz.

---

[6]**sima**: abismo.

Rosa del Caminante

Álamos fríos en un claro cielo
azul, con timideces de cristal.
Sobre el río la bruma[1] como un velo,
y las dos torres de la catedral.

Los hombres secos y reconcentrados,[2]
las mujeres deshechas de parir:[3]
rostros oscuros llenos de cuidados,
todas las bocas clásico el decir.

La fuente se seca, en torno el vocerío,[4]
los odres[5] a la puerta del mesón,
y las recuas[6] que bajan hacia el río . . .

---

[1] **bruma:** niebla, oscuridad.
[2] **reconcentrado:** ensimismado, abstraído.
[3] **deshechas de parir:** *worn out by childbirth.*
[4] **vocerío:** griterío, alboroto.
[5] **odre:** cuero cosido que sirve para contener vino, agua o aceite.
[6] **recua:** *drove of beasts of burden.*

Y las niñas que acuden al sermón.
¡Mejillas sonrosadas por el frío
de Astorga, de Zamora, de León!

Rosa Matinal

Ante la parda tierra castellana
se abre el verde milagro de una tierra
cristalina, en la paz de la mañana,
y el castañar[1] comienza con la sierra.

El agrio vino, las melosas[2] niñas,
la vaca familiar, el pan acedo,
un grato son de flauta entre las viñas,
y un místico ensalmar[3] en el robledo.[4]

El dionisiaco don de los molinos
enciende las divinas represalias,[5]
y junta ramos celtas y latinos
en trocaicos cantares de faunalias.[6]

---

[1]**castañar**: *grove of chestnut trees.*
[2]**meloso**: dulce, suave.
[3]**ensalmar**: curar por ensalmo, modo supersticioso de curar.
[4]**robledo**: plantío de robles.
[5]**represalia**: venganza.
[6]**trocaicos ... faunalias**: los cantos en verso trocaico de los faunos.

Raptada, por la escala de la Luna,
la sombra de Tristán conduce a Iseo,[7]
y amanece en las ondas sobre una
barca de luz, el áureo Cebedeo.[8]

Al coro de la vieja romería[9]
que tiene su camino en las estrellas,
la maternal virtud de la Maía[10]
lleva el triunfo de sus cien doncellas.

En un verde cristal de relicario,
son de esmalte los valles pastoriles,
tienen la gracia núbil[11] del plenario
de las doncellas en los veinte abriles.

Al pie de las solanas abaciales[12]
sinfoniza el bordón[13] de las colmenas,
y en los huertos, en sombras de frutales,
dan su agreste fragancia las entenas.[14]

Se enfonda y canta en las sonoras hoces
el Sil[15] divino, de dorada historia,
y la gaita[16] de grana da sus voces
montañera. ¡Del Celta es la Victoria!

---

[7]**Tristán . . . Iseo:** Dos amantes en la ópera de Wagner con ese nombre. Los dos mueren acusados falsamente después de haberse enamorado al beber un filtro mágico.

[8]**Cebedeo:** Zebedeo, padre de los apóstoles Santiago el mayor y San Juan.

[9]**romería:** peregrinación.

[10]**Maía:** la mayor de las siete pléyades. Amada de Jupiter de quien tuvo a Hermes.

[11]**núbil:** conyugable, casadero.

[12]**solanas abaciales:** *monastic solarium.*

[13]**bordón:** canto, estribillo.

[14]**entena:** (Galicismo) panal.

[15]**Sil:** afluente del río Miño en el suroeste de la peninsula Ibérica.

[16]**gaita:** *bagpipe.*

La Rosa Panida

¡Cómo me hablaste en las rosas
cuando rosas segó mi hoz,[1]
    voz de las cosas,
    lejana voz!

¡Cuántas victorias me contaste,
con cuántas divinas batallas
    mi alma alumbraste,
    voz que callas!

¡Cómo encendiste mis deseos,
cómo me hablaste del placer
    con tus trofeos
    de mujer!

¡Verso dorado y pitagórico
como el verso que dice el mar!
    ¡Verso eufórico!
    ¡Verso solar!

---

[1]**hoz**: *sickle.*

¡Rosa! ¡Divina flor del rito
de amar, cantar y adormecer!
¡Amor en grito!
¡Boca de mujer!

Por tu enigma reminiscente
para el recuerdo venusino
del beso ardiente
como el vino.

Rosa ungida,[2] ¿por qué no exuda[3]
la carne que amamos tu olor,
cuando es desnuda
para el amor?

---

[2]**ungido**: consagrado.
[3]**exudar**: sudar.

Rosa Gnóstica[1]

Nada será que no haya sido antes.
Nada será para no ser mañana.
Eternidad son todos los instantes
que mide el grano que el reloj[2] desgrana.

Eternidad la gracia de la rosa,
y la alondra[3] primera que abre el día,
y la oruga,[4] y su flor la mariposa.
¡Eterna en culpa la conciencia mía!

Al borde del camino, recostado
como gusano que germina en lodo,
siento la negra angustia del pecado,
con la divina aspiración al Todo.

El gnóstico misterio está presente

---

[1] **gnóstico**: del conocimiento o del saber.
[2] **reloj**: reloj de arena.
[3] **alondra**: *lark*.
[4] **oruga**: *caterpillar*.

en el quieto volar de la paloma,
y el pecado del mundo en la serpiente
que muerde el pie del Ángel que la doma.

Sobre la eterna noche del pasado
se abre la eterna noche del mañana.
¡Cada hora, una larva del pecado!
¡Y el símbolo, la sierpe y la manzana!

Guarda el Tiempo el enigma de las Formas,
como un dragón sobre los mundos vela.
Y el Todo y la Unidad, supremas normas,
tejen el infinito de su estela.[5]

Nada apaga el hervor de los crisoles,[6]
en su fondo, sellada, está la eterna
idea de Platón. Lejanos soles
un día encenderán nuestra caverna.

Mientras hilan las Parcas[7] mi mortaja,
una cruz de ceniza hago en la frente,
el tiempo es la carcoma[8] que trabaja
por Satanás. ¡Y Dios es el Presente!

¡Todo es Eternidad! ¡Todo fue antes!
¡Y todo lo que es hoy será después,
en el Instante que abre los instantes,
y el hoyo de la muerte a nuestros pies!

---

[5]**estela**: rastro en el espacio o en el mar.
[6]**crisol**: vaso de porcelana, hierro o platino que sirve para fundir substancias.
[7]**Parcas**: Las tres deidades hermanas Cloto, Láquesis y Atropos con figura de viejas. La primera hilaba, la segunda devanaba y la tercera cortaba el hilo de la vida del hombre.
[8]**carcoma**: insecto que roe la madera.

La Trae un Cuervo

¡Tengo rota la vida! En el combate
de tantos años ya mi aliento cede,
y al orgulloso pensamiento abate
la idea de la muerte, que lo obsede.

Quisiera entrar en mí, vivir conmigo,
poder hacer la cruz sobre mi frente,
y sin saber de amigo ni enemigo,
apartado, vivir devotamente.

¿Dónde la verde quiebra de la altura
con rebaños y músicos pastores?

¿Dónde gozar de la visión tan pura
que hace hermanas las almas y las flores?

¿Dónde cavar en paz la sepultura
y hacer místico pan con mis dolores?

¡Aleluya!

Por la divina primavera
me ha venido la ventolera[1]

de hacer versos funambulescos[2]
—un purista diría grotescos—.

Para las gentes respetables
son cabriolas espantables.

Cotarelo[3] la sien se rasca,
pensando si el diablo lo añasca.[4]

Y se santigua con unción
el pobre Ricardo León.[5]

---

[1]**ventolera**: soberbia, vanidad; pensamiento extravagante.

[2]**funambulesco**: acrobático, extravagante.

[3]**Cotarelo**: Emilio Cotarelo y Mori (1857–1935), escritor de asombrosa fecundidad y cultura. Discípulo de Menéndez Pelayo.

[4]**añascar**: enredar, confundir.

[5]**Ricardo León**: (1877–1943), poeta y novelista español, autor de *Casta de hidalgos* y de *El amor de los amores*.

Y Cejador,[6] como un baturro[7]
versallesco,[8] me llama burro.

Y se ríe Pérez de Ayala[9]
con su risa entre buena y mala.

Darío me alarga en la sombra
una mano, y a Poe me nombra.

Maga[10] estrella de pentarquía
sobre su pecho anuncia el día.

Su blanca túnica de Esenio[11]
tiene las luces del selenio.[12]

¡Sombra del misterioso delta,
vibra en tu honor mi gaita celta!

¡Tú amabas las rosas, el vino
y los amores del camino!

Cantor de Vida y Esperanza,
para ti toda mi loanza.

Por el alba de oro, que es tuya.
¡Aleluya! ¡Aleluya! ¡Aleluya!

La gran caravana académica
saludo con risa ecuménica.

---

[6]**Cejador**: Julio Cejador y Frauca (1864–1927), autor de *Gramática y diccionario de la lengua castellaña.*

[7]**baturro**: aragonés rústico.

[8]**versallesco**: de Versalles.

[9]**Pérez de Ayala**: Ramón Pérez de Ayala (1881–1962), novelista español contemporáneo de Valle-Inclán.

[10]**Maga**: mágica.

[11]**Esenio**: Miembro de una secta antigua de judíos que practicaba comunidad de bienes.

[12]**selenio**: resplandor de luna. Metaloide de color pardo-rojizo y brillo metálico.

Y con un guiño a hurto de Maura,[13]
me responde Clemencina Isaura.[14]

En mi verso rompo los yugos,
y hago la higa[15] a los verdugos.

Yo anuncio la era argentina
de socialismo y cocaína.

De cocotas[16] con convulsiones
y de vastas revoluciones.

Resplandecen de amor las normas
eternas. Renacen las formas.

Tienen la gracia matinal
del Paraíso Terrenal.

Detrás de la furia guerrera,
la furia de amor se exaspera.

Ya dijo el griego que la furia
de Heracles,[17] engendra lujuria.

No cambia el ritmo de la vida
por una locura homicida.

A mayor fiebre de terror,
mayor calentura de amor.

La lujuria no es un precepto
del Padre: es su eterno concepto.

---

[13]**Maura**: Honorio Maura (1886–1936), autor dramático español.
[14]**Clemencina Isaura**: (1450–1512) famosa fundadora de los no menos famosos Juegos Florales.
[15]**hago la higa**: me burlo de.
[16]**cocota**: mujer de vida galante.
[17]**Heracles**: semidiós griego pero en la mitología romana llamado Hércules.

Hay que crear eternamente
y dar al viento la simiente:

El grano de amor o veneno
que aposentamos en el seno.

El grano de todas las horas
en el gran Misterio sonoras.

¿Y cuál será mi grano incierto?
¡Tendré su pan después de muerto!

¡Y de mi siembra no predigo!
¿Será cizaña? ¿Será trigo?

¿Acaso una flor de amapola[18]
sin olor? La gracia española.

¿Acaso la flor digital[19]
que grana un veneno mortal

bajo el sol que la enciende? ¿Acaso
la flor del alma de un payaso?

¡Pálida flor de la locura
con normas de literatura!

¿Acaso esta musa grotesca
—ya no digo funambulesca—

que con sus gritos espasmódicos
irrita a los viejos retóricos,

y salta luciendo la pierna,
no será la musa moderna?

---

[18]**amapola**: *poppy*.
[19]**flor digital**: Flor amarilla o roja. El cocimiento de la planta se usa para estimular la circulación de la sangre.

Apuro el vaso de bon vino,
y hago cantando mi camino.

Y al compás de un ritmo trocaico,
de viejo gaitero galaico,

llevo mi verso a la Farándula:[20]
Animula Vágula, Blándula.[21]

---

[20]**Farándula**: a lo farsante.

[21]**Animula Vágula, Blándula**: First line of a poem by the Roman emperor Hadrian (76–138 A.D.) entitled *Ad Animam Suam*. The poem in its entirety is:

Animula vagula blandula,
Hospes comesque corporis
Quae nunc abibis in loca
Pallidula rigida nudula,
Nec ut soles dabis iocos!

The following is a prose translation: "Little soul, wandering, gentle guest and companion of the body, into what places will you now go, pale, stiff, and naked, no longer sporting as you did!"

Fin de Carnaval

Es Miércoles de Ceniza,
fin de Carnaval.
Tarde de lluvia inverniza[1]
reza el Funeral.

Con ritmos destartalados[2]
lloran en tropel,[3]
mitrados[4] ensabanados.[5]
Mitras de papel.

Lloran latinos babeles,
sombras con capuz.[6]
Lleva al arroyo rieles
la taberna en luz.

---

[1]**inverniza:** de invierno.
[2]**destartalado:** descompuesto, desconcertado.
[3]**en tropel:** sin orden ni concierto.
[4]**mitrado:** *mitered.*
[5]**ensabanado:** envuelto en sábanas.
[6]**capuz:** capucha; capa o capote antiguo.

Los pingos[7] de Colombina
derraman su olor
de pacholí y sobaquina.[8]
¡Y vaya calor!

Un Pierrot junta en la tasca[9]
su blanco de zin,[10]
con la pintada tarasca[11]
de blanco y carmín.

Al pie de un farol, sus flores
abre el pañolón[12]
de la chula:[13] sus colores
alegrías son.

¡Cómo la moza garbea[14]
y mueve el paipai![15]
¡Cómo sus flecos ondea
en el guirigay![16]

El curdela[17] narigudo
blande un escobón:
hollín, chistera,[18] felpudo,[19]
nariz de cartón.

---

[7]**pingos**: *rags*.
[8]**pacholí y sobaquina**: planta aromática y el olor que suelen echar por los sobacos algunas gentes.
[9]**tasca**: la taberna.
[10]**zin**: *zinc*.
[11]**tarasca**: mujer fea de carácter fiero.
[12]**pañolón**: manto o pañuelo grande.
[13]**chula**: graciosa, picaresca.
[14]**garbear**: afectar garbo; pasearse.
[15]**paipai**: abanico usado en las Islas Filipinas.
[16]**guirigay**: voz imitativa para significar gritería o confusión.
[17]**curdela**: borrachín.
[18]**chistera**: sombrero de copa alta.
[19]**felpudo**: afelpado o tejido en forma de felpa; esterilla, ruedo.

En el arroyo da el curda
    su grito soez,[20]
y otra destrozona absurda
    bate un almirez.[21]

    Latas, sartenes, calderos,
        pasan en ciclón:
    la luz se tiende a regueros[22]
        sobre el pelotón.

    Y bajo el foco de Volta,
        da cita el Marqués
    a un soldado de la Escolta,
        ¡talla de seis pies!

    Juntan su hocico los perros
        en la oscuridad:
    se lamentan de los yerros
        de la Humanidad.

    Por la tarde gris y fría
        pasa una canción
    triste. La melancolía
        de un acordeón.

    Los faroles de colores
        prende el vendaval.
    Vierte el confeti sus flores
        en el lodazal.

    Absurda tarde. Macabra
        mueca de dolor.
    Se ha puesto el Pata de Cabra
        mitra de prior.

---

[20]**soez**: indecente, grosero.
[21]**almirez**: *a brass mortar for kitchen use.*
[22]**reguero**: corriente, chorro.

Incerteza vespertina,
lluvia y vendaval:
entierro de la Sardina,
fin de Carnaval.

Rosa de Sanatorio

Bajo la sensación del cloroformo
me hacen temblar con alarido interno,
la luz de acuario de un jardín moderno
y el amarillo olor del yodoformo.

Cubista, futurista y estridente,[1]
por el caos febril de la modorra
vuela la sensación, que al fin se borra,
verde mosca, zumbándome en la frente.

Pasa mis nervios, con gozoso frío,
el arco de lunático violín;
de un sí bemol[2] el transparente pío

tiembla en la luz acuaria del jardín,
y va mi barca por el ancho río
que separa un confín de otro confín.

---

[1] **cubista, futurista y estridente**: partidarios de los movimientos vanguardistas correspondientes.
[2] **sí bemol**: *B flat.*

Novela

El género más cultivado por Valle fue la novela, y como Galdós escribió episodios nacionales, aunque con menos historia y con más ambiente. *La guerra carlista* es una trilogía compuesta de *Los cruzados de la causa* (1908), *El resplandor de la hoguera* (1909) y *Gerifaltes de antaño* (1909).

La selección que se presenta enseguida es el capítulo doce de *El resplandor la de hoguera* donde figura como personaje principal, Cara de Plata, el hermoso segundón. El estilo es una evocación de las sonatas, lleno de matices modernistas y aristocráticos.

El Resplandor de
la Hoguera

XII

Cara de Plata y el contrabandista se calentaban en la cocina de la venta, esperando la hora de medianoche para ponerse al camino, bajo la fe del ventero. La monja y la muchacha habían subido al piso alto, donde, tras largo rezo, descabezaban un sueño,[1] juntas las dos en una cama de siete colchones. Se oyó en el camino el paso de un caballo. Luego llamaron a la puerta. El ventero salió soñoliento del pajar, quitó una albarda[2] vieja que servía para cegar[3] un ventano, y asomando preguntó quién era el caminante. Pero le reconoció al mismo tiempo, y sin respuesta, fue a quitar los tranqueros.[4] Entró el pastor tirando del caballo:

—¡Ave María Purísima![5]

Atravesó la cocina con el caballo del diestro, y se ocultó por la puerta de los establos. El ventero le seguía con el candil de aceite que descolgara del velador. Quedó la cocina alumbrada por la llama del hogar. Cara de Plata y el contrabandista se hablaron en voz baja:

---

[1]**descabezaban un sueño**: *dozing*.
[2]**albarda**: *packsaddle*.
[3]**cegar**: cerrar, tapar.
[4]**tranquero**: palo atravesado usado para cerrar una puerta.
[5]**¡Ave María Purísima!**: Exclamación religiosa de saludo.

—¡Me recelo alguna traición!

—Usted, hijo, no conoce a esta gente. ¡Más leales que una onza de oro!

Hizo un gesto el segundón,[6] atizando[7] la lumbre, y a poco volvían el pastor y el ventero:

—¡Pues no van a tener poca escolta[8] las dos señoras y el mocé![9]

El ventero, que guiñaba los ojos al contrabandista, llenó un vaso de chacolí[10] y lo ofreció al pastor:

—Para echar fuera el friaje.

El otro repuso en voz baja:

—Se agradece la buena voluntad . . . Se agradece, pero no lo cato[11] . . .

—¡Es manía! . . .

El pastor movió la cabeza:

—Es más de la medianoche y ha comenzado el día del viernes. En tal día, todo el año hago ayuno de pan y agua.

El cabrero acercóse a la lumbre y pidió permiso para sentarse en el escaño[12] donde estaban el contrabandista y Cara de Plata. Le hicieron sitio y el hermoso segundón le miró de alto abajo con su mirar arrogante:

—¡El ayuno no reza con los soldados!

Y apuró la taza que mediada de vino tenía sobre el banco.

—¡Ser partidario no priva la Ley de Dios!

El contrabandista soplaba para esparcir el humo de su tagarnina.[13] Luego tosió con una tos socarrona[14] y pícara, atisbando de reojo al pastor:

—Es bueno para los ermitaños . . . Tú, como habitas en el monte con tus cabras, algo tendrás de ermitaño.

—Ni tengo cabras, güelo,[15] ni habito el monte desde agora. También

---

[6]**segundón**: hijo segundo de la casa.

[7]**atizar**: remover el fuego.

[8]**escolta**: protección, convoy.

[9]**mocé**: mozo, joven.

[10]**chacolí**: vino ligero y algo agrio en las provincias vascongadas.

[11]**catar**: probar, saborear.

[12]**escaño**: grada, banco, o poyo.

[13]**tagarnina**: cigarro puro muy malo.

[14]**socarrona**: burlona.

[15]**güelo**: abuelo.

hago mi propósito de ser soldado del Rey Don Carlos . . . Y firme como el mejor, y sin dejar el ayuno.

Cara de Plata sonrió con desdén:

—Mal haces en pasar hambre si no te sirve para ser humilde, mozo. ¿Sabes tú hasta dónde puede llegar el coraje de un hombre?

El pastor tenía las manos cruzadas:

—Yo digo que adonde otro llegue, llegaré con la ayuda de Dios.

Gritó de lejos el ventero:

—¿Y si no te ayuda, Ciro Cernín?

El pastor quedó un momento con la mirada vaga sobre las llamas:

—A morir como es debido siempre me ayudará.

Y el ventero, que ponía los trancos[16] a la puerta, se detuvo para replicar:

—¡No será sola para ti la santa ayuda! A todos tocará, aun cuando no todos ayunen.

El pastor repuso, bajando los ojos y estremeciéndose:

—¡Yo hago mi penitencia para que no me falte! . . . ¿Pero por qué sois contra mí?

Cara de Plata le interrumpió:

—Las penitencias de los soldados son otras . . . Andar caminos cuando hay que andarlos, y pasar hambre cuando no hay pan, y dormir al raso cuando no hay cama. Pero en la hora buena hay que regalarse.[17]

Corearon[18] el contrabandista y el ventero:

—¡Cabal![19]

—¡Así es!

El pastor movía la cabeza, sentado enfrente del hogar, con las manos en cruz. La niebla de sus ojos era de oro:

—¡Ciro Cernín, no! ¡Ciro Cernín, no!

Cara de Plata le miró con burla:

—¿Y piensas ser en la guerra tan valiente como el primero?

El pastor repuso en voz baja:

—Como el primero.

—¿Como yo?

---

[16]**tranco**: *beam.*
[17]**regalarse**: tratarse bien y con comodidad.
[18]**corear**: aprobar.
[19]¡**Cabal!**: ¡Exactamente!

—¡Lo mesmo![20]

—¿Como el Rey?

—El Rey no acuenta[21] con nosotros.

Cara de Plata se puso en pie, estrellando contra el suelo la taza de vino:

—¡El Rey se cuenta conmigo, que también vengo de Reyes!

El pastor le dirigió una mirada clara y bella:

—No imaginaba que fueses de nobleza.

El hermoso segundón se alejó, paseando la cocina silencioso y altivo. Luego volvió a sentarse en el escaño, y quedó con la cabeza entre las manos, contemplando el fuego, mientras los otros, en su vieja lengua vascongada, comenzaron a loar las proezas[22] de Miquelo Egoscué. Seguían en el relato de aquellas gestas cuando los mutiles[23] de la partida invadieron la venta con alegre tumulto. En lo alto de la escalera la monja apareció, sobresaltada:

—¿Qué sucede, Cara de Plata?

—Soldados de los nuestros, tía.

La señora descendió lentamente, y con los ojos buscó al capitán para saludarle. Miquelo Egoscué se acercó en compaña del ventero:

—Señora Madre, aquí estamos para lo que mande.

La monja murmuró con una dulzura noble y entera:

—¡Gracias, hijo!

Se apartó el ventero para retirar un gran jarro talavereño,[24] que comenzaba a desbordar roja espuma bajo el odre del chacolí, y la monja y el capitán siguieron hablando:

—Ya estoy al cabo[25] . . . Su deseo es verse en el Cuartel Real.

—Al lado de la Señora . . . Poder ayudarla y asistirla en estos momentos que son supremos para ella y para la Causa. Creo que no basta ayudar desde lejos; a todos nos reclama la guerra.

El capitán repitió con energía:

—Sí, a todos.

---

[20]**¡Lo mesmo!**: ¡Lo mismo!

[21]**no acuenta**: prótesis de "no cuenta".

[22]**loar las proezas**: alabar las hazañas.

[23]**mutil**: (Navarra) mozo, muchacho.

[24]**talavereño**: de Talavera de la Reina, pueblo español famoso por su cerámica.

[25]**estoy al cabo**: estoy enterado.

—Los soldados para dar su sangre; nosotras, las pobres mujeres, para restañarla.[26] Aquí debían estar todas las madres y todas las hermanas. ¿Qué pensará el soldado cuando se muere en un hospital o en un camino sin tener quién le cierre los ojos?

—Pues pensará que son pocas las mujeres que tienen alma para ver la guerra, y la sangre y la muerte . . . ¡Y monjas menos, que todas se asustan de la pólvora!

—Yo también me asusto. He sido siempre muy cobarde, y ahora quiero ser valiente . . . El valor es una virtud tan grande como la humildad, como la caridad, como la pobreza.

Miquelo Egoscué se quitó la boina[27] con arrebato:

—¡Bien por la Madre Isabel!

La monja plegó los labios con malicia, y al mismo tiempo enrojecían sus mejillas pálidas:

—El valor purifica todas las virtudes, y el miedo las tiene soterradas[28] entre escorias.[29] Yo antes no lo sabía, lo aprendí hace poco . . .

Murmuró el capitán en voz baja, como si estuviese en una iglesia:

—¡El valor es todo!

La monja miró al hermoso segundón que venía hacia ella, y sonrió con melancolía mostrándoselo a Miquelo Egoscué:

—¿Ve usted aquel mozo?

—¿El que llaman Cara de Plata?

—Sí . . . Su padre, que vive en el pecado desde hace muchos años, es mujeriego,[30] despótico, turbulento, pero su valor y su caridad son ejemplares . . . Yo creo que en la hora última se salvará por esas dos virtudes . . . Como no conoce el miedo, a sus criados y a sus amigos los ayuda en los mayores peligros. Y al que tiene una culpa se la descubre . . . Así pone miel en muchas heridas y arranca muchas máscaras.

Cara de Plata estaba en pie, atento, con los ojos luminosos y una sonrisa atrevida:

—Sin las virtudes de mi padre, los hijos seríamos bandidos. Pero

---

[26]**restañarla:** parar o detener la sangre que fluye.

[27]**boina:** *tam.*

[28]**soterrado:** enterrado.

[29]**escorias:** heces; *dregs.*

[30]**mujeriego:** que le gustan las mujeres.

algo se hereda. El valor y la caridad son los fundamentos de una raza. En otro tiempo hubo Órdenes religiosas que entre sus votos tenían el de la valentía, como el primero. ¡Eso, al menos, dicen las historias de los Caballeros Templarios![31]

La monja le reparó hondamente:

—Cuenta primero la Fe.

Y subió al piso alto para despertar a Eladia. La pobre niña sorda seguía durmiendo a pesar del tumulto que alzaban aquellas cien boinas rojas. La Madre Isabel la despertó suavemente, y pegando la boca a su oído le contó la llegada de la partida. Después, antes de bajar a la cocina, la monja y la niña rezaron el Santo Rosario.

---

[31]**Caballeros Templarios**: orden de caballería (1118) para asegurar los caminos a los santos lugares de Jerusalén.

Tirano Banderas es la historia de un
tirano ficticio, en un pueblo también
ficticio, del nuevo mundo hispánico. La
novela, estampada con las influencias de
la estancia de Valle en México, lleva
el subtítulo de "Novela de tierra caliente". Lejos aquí el tono tranquilo, el
ambiente milenario y los personajes de
alcurnia que se encuentran en las Sonatas. La obra fue publicada por primera vez en 1926 y es el fruto de un
Valle-Inclán en plena madurez artística.
De *Tirano Banderas* había de decir
Valle: "*Tirano Banderas* es la primera
obra que escribo. Mi labor empieza
ahora."

Tirano Banderas

PRÓLOGO

I

Filomeno Cuevas, criollo ranchero, había dispuesto para aquella noche armar a sus peonadas[1] con los fusiles ocultos en un manigual,[2] y las glebas[3] de indios, en difusas líneas, avanzaban por los esteros[4] de Ticomaipu.[5] Luna clara, nocturnos horizontes profundos de susurros y ecos.

II

Saliendo a Jarote Quemado con una tropilla de mayorales,[6] arrendó su montura el patrón, y a la luz de una linterna pasó lista:

---

[1]**peonadas**: conjunto de peones.
[2]**manigual**: selva, bosque.
[3]**gleba**: esclavo afecto a una heredad.
[4]**estero**: terreno bajo, cerca de una ría y sujeto a la marea.
[5]**Ticomaipu**: nombre inventado de un lugar imaginario.
[6]**mayoral**: pastor.

—Manuel Romero.

—¡Presente!

—Acércate. No más que recomendarte precaución con ponerte briago.[7] La primera campanada de las doce será la señal. Llevas sobre ti la responsabilidad de muchas vidas, y no te digo más. Dame la mano.

—Mi jefecito, en estas bolucas[8] somos baqueanos.[9]

El patrón repasó el listín:[10]

—Benito San Juan.

—¡Presente!

—¿Chino Viejo te habrá puesto al tanto de tu consigna?

—Chino Viejo no más me ha significado meterme con alguna caballada por los rumbos de la feria y tirarlo todo patas al aire. Soltar algún balazo y no dejar títere[11] sano. La consigna no aparenta mayores dificultades.

—¡A las doce!

—Con la primera campanada. Me acantonaré[12] bajo el reloj de la Catedral.

—Hay que proceder de matute[13] y hasta lo último aparentar ser pacíficos feriantes.

—Eso seremos.

—A cumplir bien. Dame la mano.

Y puesto el papel en el cono luminoso de la linterna, aplicó los ojos el patrón:

—Atilio Palmieri.

—¡Presente!

Atilio Palmieri era primo de la niña ranchera. Rubio, chaparro, petulante. El ranchero se tiraba de las barbas caprinas.[14]

—Atilio, tengo para ti una misión muy comprometida.[15]

—Te lo agradezco, pariente.

---

[7]**briago**: borracho.
[8]**boluca**: alboroto, desorden.
[9]**baqueano**: hábil, diestro.
[10]**listín**: lista pequeña.
[11]**títere**: *puppet; by extension, anybody.*
[12]**acantonar**: distribuir y alojar las tropas.
[13]**matute**: de contrabando, a escondidas.
[14]**caprinas**: de chivo.
[15]**comprometido**: arriesgado.

—Estudia el mejor modo de meter fuego en un convento de monjas, y a toda la comunidad, en camisa, ponerla en la calle escandalizando. Ésa es tu misión. Si hallas alguna monja de tu gusto, cierra los ojos. A la gente, que no se tome de la bebida. Hay que operar violento, con la cabeza despejada. ¡Atilio, buena suerte! Procura desenvolver tu actuación sobre los límites de medianoche.

—Conformo, Filomeno, que saldré avante.[16]

—Así lo espero. Zacarías San José.

—¡Presente!

—Para ti ninguna misión especial. A tus luces dejo lo que más convenga. ¿Qué bolichada[17] harías tú esta noche metiéndote, con algunos hombres, por Santa Fe? ¿Cuál sería tu bolichada?

—Con solamente otro compañero dispuesto, revoluciono la feria: Vuelco la barraca de las fieras y abro las jaulas. ¿Qué dice el patrón? ¿No se armaría buena? Con cinco valientes pongo fuego a todos los abarrotes de gachupines.[18] Con veinticinco copo[19] la guardia de los Mostenses.

—¿No más que eso prometes?

—Y muy confiado de darle una sangría a Tirano Banderas. Mi jefesito, en este alforjín[20] que cargo en el arzón[21] van los restos de mi chamaco.[22] ¡Me lo han devorado los chanchos[23] en la ciénaga! No más cargando estos restos, gané en los albures[24] para feriar guaco,[25] y tiré a un gachupín la mangana[26] y escapé ileso[27] de la balasera[28] de los gendarmes. Esta noche saldré bien en todos los empeños.[29]

---

[16]**avante:** (italianismo) adelante.

[17]**bolichada:** lance afortunado.

[18]**gachupines:** nombre despectivo dado a los españoles.

[19]**copar:** cortar la retirada.

[20]**alforjín:** alforja, saco.

[21]**arzón:** madera o foste de la silla de montar.

[22]**chamaco:** muchacho.

[23]**chancho:** puerco.

[24]**albures:** juego de naipes.

[25]**feriar guaco:** comprar en la feria una escopeta de doble cañón (mexicano, *guaca*).

[26]**mangana:** lazo que se arroja a las manos de un caballo.

[27]**ileso:** sin lesión, indemne.

[28]**balasera:** balazos.

[29]**empeño:** obligación.

—Cruzado, toma la gente que precises y realiza ese lindo programa. Nos vemos. Dame la mano. Y pasada esta noche sepulta estos restos. En la guerra el ánimo y la inventiva son los mejores amuletos. Dame la mano.

—¡Mi jefesito, estas ferias van a ser señaladas!

—Eso espero. Crisanto Roa.

—¡Presente!

Era el último de la lista y sopló la linterna el patrón. Las peonadas habían renovado su marcha bajo la luna.

III

El Coronelito de la Gándara, desertado de las milicias federales, discutía con chicanas[30] y burlas los aprestos militares del ranchero:

—¡Filomeno, no seas chivatón,[31] y te pongas a saltar un tajo[32] cuando te faltan las zancas![33] Es una grave responsabilidad en la que incurres llevando tus peonadas al sacrificio. ¡Te improvisas general y no puedes entender un plano de batallas! Yo soy un científico, un diplomado en la Escuela Militar. ¿La razón no te dice quién debe asumir el mando? ¿Puede ser tan ciego tu orgullo? ¿Tan atrevida tu ignorancia?

—Domiciano, la guerra no se estudia en los libros. Todo reside en haber nacido para ello.

—¿Y tú te juzgas un predestinado para Napoleón?

—¡Acaso!

—¡Filomeno, no macanees![34]

—Domiciano, convénceme con un plan de campaña que aventaje al discurrido por mí, y te cedo el mando. ¿Qué harías tú con doscientos fusiles?

—Aumentarlos hasta formar un ejército.

—¿Cómo se logra eso?

—Levantando levas[35] por los poblados de la Sierra. En Tierra Caliente cuenta con pocos amigos la revolución.

---

[30]**chicanas**: (galicismo) triquiñuelas, argucias, embustes.

[31]**chivatón**: travieso.

[32]**tajo**: escarpa, declive, precipicio.

[33]**zanca**: pierna.

[34]**macanear**: hacer o decir tonterías.

[35]**levas**: reclutas de soldados.

—¿Ése sería tu plan?

—En líneas generales. El tablero de la campaña debe ser la Sierra. Los llanos son para las grandes masas militares, pero las guerrillas y demás tropas móviles hallan su mejor aliado en la topografía montañera. Eso es lo científico, y desde que hay guerras, la estructura del terreno impone la maniobra. Doscientos fusiles, en la llanura, están siempre copados.

—¿Tu consejo es remontarnos[36] a la Sierra?

—Ya lo he dicho. Buscar una fortaleza natural, que supla la exigüidad[37] de los combatientes.

—¡Muy bueno! ¡Eso es lo científico, la doctrina de los tratadistas,[38] la enseñanza de las Escuelas!... Muy conforme. Pero yo no soy científico, ni tratadista, ni pasé por la Academia de Cadetes. Tu plan de campaña no me satisface, Domiciano. Yo, como has visto, intento para esta noche un golpe sobre Santa Fe. De tiempo atrás vengo meditándolo, y casualmente en la ría, atracado al muelle, hay un pailebote[39] en descarga. Trasbordo mi gente, y la desembarco en la playa de Punta Serpiente. Sorprendo a la guardia del castillo, armo a los presos, sublevo a las tropas de la Ciudadela. Ya están ganados los sargentos. Ése es mi plan, Domiciano.

—¡Y te lo juegas todo en una baza![40] No eres un émulo de Fabio Máximo. ¿Qué retirada has estudiado? Olvidas que el buen militar nunca se inmola imprudentemente y ataca con el previo conocimiento de sus líneas de retirada. Ésa es la más elemental táctica fabiana. En nuestras pampas, el que lucha cediendo terreno, si es ágil en la maniobra y sabe manejar la tea petrolera,[41] vence a los Aníbales[42] y Napoleones. Filomeno, la guerra de partida que hacen los revolucionarios no puede seguir otra táctica que la del romano frente al cartaginés. ¡He dicho!

—¡Muy elocuente!

---

[36]**remontarse**: elevarse.

[37]**exigüidad**: escasez.

[38]**tratadista**: autor de tratados.

[39]**pailebote**: goleta pequeña.

[40]**baza**: *card trick*.

[41]**tea petrolera**: antorcha de petróleo.

[42]**Aníbales**: Aníbal (247–183 a. de J.C.), general cartaginés. Luchó contra los romanos y fue vencido por Escipión el Africano.

—Eres un irresponsable que conduce un piño[43] de hombres al matadero.

—Audacia y Fortuna ganan las campañas, y no las matemáticas de las Academias. ¿Cómo actuaron los héroes de nuestra Independencia? —Como apóstoles. Mitos populares, no grandes estrategas. Simón Bolívar, el primero de todos, fue un general pésimo. La guerra es una técnica científica y tú la conviertes en bolada de ruleta.[44]

—Así es.

—Pues discurres como un insensato.

—¡Posiblemente! No soy un científico, y estoy obligado a no guiarme por otra norma que la corazonada.[45] ¡Voy a Santa Fe, por la cabeza del Generalito Banderas!

—Más seguro que pierdas la tuya.

—Allá lo veremos. Testigo el tiempo.

—Intentas una operación sin refrendo táctico,[46] una mera[47] escaramuza[48] de bandolerismo, contraria a toda la teoría militar. Tu obligación es la obediencia al Cuartel General del Ejército Revolucionario: Ser merito[49] grano de arena en la montaña, y te manifiestas con un acto de indisciplina al operar independiente. Eres ambicioso y soberbio. No me escuches. Haz lo que te parezca. Sacrifica a tus peonadas. Después del sudor, les pides la sangre. ¡Muy bueno!

—De todo tengo hecho mérito en la conciencia, y con tantas responsabilidades y tantos cargos no cedo en mi idea. Es más fuerte la corazonada.

—La ambición de señalarte.

—Domiciano, tú no puedes comprenderme. Yo quiero apagar la guerra con un soplo, como quien apaga una vela.

—¡Y si fracasas, difundir el desaliento en las filas de tus amigos, ser un mal ejemplo!

—O una emulación.

—Después de cien años, para los niños de las Escuelas Nacionales.

---

[43]**piño**: porción de ganado; puñado de hombres que sigue como borregas.
[44]**bolada de ruleta**: juego de azar.
[45]**corazonada**: presentimiento.
[46]**sin refrendo táctico**: sin verdadera estrategia.
[47]**mera**: (mexicanismo) simple.
[48]**escaramuza**: combate ligero.
[49]**merito**: mero, puro, simple.

El presente, todavía no es la Historia, y tiene caminos más realistas. En fin, tanto hablar seca la boca. Pásame tu cantimplora.[50] Tras del trago, batió la yesca y encendió el chicote[51] apagado, esparciéndose la ceniza por el vientre rotundo de ídolo tibetano.

IV

El patrón, con sólo cincuenta hombres, caminó por marismas[52] y manglares hasta dar vista a un pailebote abordado para la descarga en el muelle de un aserradero. Filomeno ordenó al piloto que pusiese velas al viento para recalar[53] en Punta Serpiente. El sarillo[54] luminoso de un faro giraba en el horizonte. Embarcada la gente, zarpó[55] el pailebote con silenciosa maniobra. Navegó la luna sobre la obra muerta de babor,[56] bella la mar, el barco marinero. Levantaba la proa surtidores de plata y en la sombra del foque un negro juntaba rueda de oyentes: Declamaba versos con lírico entusiasmo, fluente de ceceles.[57] Repartidos en ranchos los hombres de la partida, tiraban al naipe.[58] Aceitosos farolillos discernían los rumbos de juguetas por escotillones[59] y sollados.[60] Y en la sombra del foque[61] abría su lírico floripondio[62] de ceceles el negro catedrático:

> Navega, velelo mío,
>   sin temol,
> que ni enemigo navío,
> ni tolmenta, ni bonanza,
> a tolcel tu lumbo alcanza,
> ni a sujetal tu valol.

---

[50]**cantimplora**: *canteen*; frasco de cuero para llevar la bebida.

[51]**chicote**: cabo de cigarro puro.

[52]**marisma**: pantano.

[53]**recalar**: llegar un buque a la vista de la costa.

[54]**sarillo**: estertor del moribundo.

[55]**zarpar**: *to weigh anchor*.

[56]**babor**: *port*.

[57]**ceceles**: *lisping, regional use of l for r, as in the poem below*, "Canción del pirata," *by* José de Espronceda (1808–1842).

[58]**tiraban al naipe**: jugaban a la baraja.

[59]**escotillón**: puerta o trampa en el suelo.

[60]**sollados**: cubierta o piso interior de un barco.

[61]**foque**: vela triangular.

[62]**floripondio**: arbusto del Perú.

PRIMERA PARTE SINFONÍA DEL TRÓPICO

I

Santa Fe de Tierra Firme —arenales, pitas,[63] manglares, chumberas[64] — en las cartas antiguas, Punta de las Serpientes.

II

Sobre una loma, entre granados y palmas, mirando al vasto mar y al sol poniente, encendía los azulejos de sus redondas cúpulas coloniales San Martín de los Mostenses. En el campanario sin campanas levantaba el brillo de su bayoneta un centinela. San Martín de los Mostenses, aquel desmantelado convento de donde una lejana revolución había expulsado a los frailes, era, por mudanza del tiempo, Cuartel del Presidente Don Santos Banderas (Tirano Banderas).

III

El Generalito acababa de llegar con algunos batallones de indios, después de haber fusilado a los insurrectos de Zamalpoa. Inmóvil y taciturno, agaritado[65] de perfil en una remota ventana, atento al relevo de guardias en la campa barcina[66] del convento, parece una calavera con antiparras negras y corbatín de clérigo. En el Perú había hecho la guerra a los españoles, y de aquellas campañas veníale la costumbre de rumiar la coca,[67] por donde en las comisuras de los labios tenía siempre una salivilla de verde veneno. Desde la remota ventana, agaritado en una inmovilidad de corneja[68] sagrada, está mirando las escuadras de indios soturnos[69] en la cruel indiferencia del dolor y de la

---

[63]**pita**: planta en México de la que se hace el pulque.

[64]**chumbera**: higuera chumba, nopal.

[65]**agaritado**: acurrucado.

[66]**barcino**: pardo, rojizo.

[67]**rumiar la coca**: mascar la coca.

[68]**corneja**: especie de cuervo.

[69]**soturno**: taciturno.

muerte. A lo largo de la formación, chinitas y soldaderas[70] haldeaban corretonas,[71] huroneando entre las medallas y las migas del faltriquero, la pitada de tabaco y los cobres para el coime.[72] Un globo de colores se quemaba en la turquesa celeste, sobre la campa invadida por la sombra morada del convento. Algunos soldados, indios comaltes de la selva, levantaban los ojos Santa Fe celebraba sus famosas ferias de Santos y Difuntos.[73] Tirano Banderas, en la remota ventana, era siempre el garabato de un lechuzo.[74]

IV

Venía por el vasto zaguán frailero una escolta de soldados con la bayoneta armada en los negros fusiles, y entre las filas un roto[75] greñudo,[76] con la cara dando sangre. Al frente, sobre el flanco derecho, fulminaba el charrasco[77] del Mayor Abilio del Valle. El retinto garabato del bigote dábale fiero resalte al arregaño lobatón de los dientes que sujetan el fijador del pavero con toquilla de plata:

—¡Alto!

Mirando a las ventanas del convento, formó la escuadra. Destacáronse dos caporales, que, a modo de pretinas,[78] llevaban cruzadas sobre el pecho sendas pencas[79] con argollones, y despojaron al reo del fementido[80] sabanil que le cubría las carnes. Sumiso y adoctrinado, con la espalda corita[81] al sol, entróse el cobrizo a un hoyo profundo de tres pies, como disponen las Ordenanzas Militares. Los dos caporales apisonaron echando tierra, y quedó soterrado hasta los estremecidos ijares. El torso desnudo, la greña, las manos con fierros, salían fuera del hoyo colmado de negra expresión dramática. Metía el chivón de la

[70]**soldadera**: mujer que acompañaba a los soldados.
[71]**haldeaban corretonas**: retozaban vivarachas moviendo sus faldas.
[72]**coime**: el que cuida del garito.
[73]**ferias de Santos y Difuntos**: las fiestas de Todos los Santos y de Todos los Difuntos celebradas el 1 y 2 de noviembre.
[74]**garabato ... lechuzo**: los rasgos mal hechos de una lechuza.
[75]**roto**: individuo de la clase baja.
[76]**greñudo**: con la cabellera revuelta.
[77]**charrasco**: navaja de muelle, sable.
[78]**pretinas**: cinturón con hebillas.
[79]**pencas**: tiras de cuero con que se azotaba al reo.
[80]**fementido**: falso.
[81]**corito**: desnudo.

barba en el pecho, con furbo atisbo a los caporales que se desceñían las pencas. Señaló el tambor un compás alterno y dio principio el castigo del chicote, clásico en los cuarteles.

—¡Uno! ¡Dos! ¡Tres!

El greñudo, sin un gemido, se arqueaba sobre las manos esposadas,[82] ocultos los hierros en la cavación del pecho. Le saltaban de los costados ramos de sangre, y sujetándose al ritmo del tambor, solfeaban[83] los dos caporales:

—¡Siete! ¡Ocho! ¡Nueve!

V

Niño Santos se retiró de la ventana para recibir a una endomingada diputación de la Colonia Española. El abarrotero,[84] el empeñista,[85] el chulo del braguetazo,[86] el patriota jactancioso, el doctor sin reválida,[87] el periodista hampón,[88] el rico mal afamado, se inclinaban en hileras ante la momia taciturna con la verde salivilla en el canto de los labios. Don Celestino Galindo, orondo,[89] redondo, pedante, tomó la palabra, y con aduladoras hipérboles saludó al glorioso pacificador de Zamalpoa.

—La Colonia Española eleva sus homenajes al benemérito[90] patricio, raro ejemplo de virtud y energía, que ha sabido restablecer el imperio del orden, imponiendo un castigo ejemplar a la demagogia revolucionaria. ¡La Colonia Española, siempre noble y generosa, tiene una oración y una lágrima para las victimas de una ilusión funesta, de un virus perturbador! Pero la Colonia Española no puede menos de reconocer que en el inflexible cumplimiento de las leyes está la única salvaguardia del orden y el florecimiento de la República.

La fila de gachupines asintió con murmullos. Unos eran toscos, encendidos y fuertes. Otros tenían la expresión cavilosa y hepática[91]

---

[82] **manos esposadas**: *handcuffed*.
[83] **solfear**: cantar pronunciando las notas; zurrar.
[84] **abarrotero**: dueño de tienda de abarrotes.
[85] **empeñista**: prestamista, usurero.
[86] **chulo del braguetazo**: rufián que se casa con una mujer por su dinero.
[87] **sin reválida**: sin grado académico.
[88] **hampón**: valentón, maleante.
[89] **orondo**: engreído.
[90] **benemérito**: digno de honor por sus méritos.
[91] **hepática**: que padece del higado.

de los tenderos[92] viejos. Otros, enjoyados y panzudos, exudaban zurda[93] pedancia. A todos ponía un acento de familia el embarazo de las manos con guantes. Tirano Banderas masculló estudiadas cláusulas de dómine:

—Me congratula ver cómo los hermanos de raza aquí radicados, afirmando su fe inquebrantable en los ideales de orden y progreso, responden a la tradición de la Madre Patria. Me congratula mucho este apoyo moral de la Colonia Hispana. Santos Banderas no tiene la ambición de mando que le critican sus adversarios. Santos Banderas les garanta[94] que el día más feliz de su vida será cuando pueda retirarse y sumirse en la oscuridad a labrar su predio, como Cincinato.[95] Crean, amigos, que para un viejo son fardel[96] muy pesado las obligaciones de la Presidencia. El gobernante, muchas veces precisa ahogar los sentimientos de su corazón, porque el cumplimiento de la ley es la garantía de los ciudadanos trabajadores y honrados. El gobernante, llegado el trance de firmar una sentencia de pena capital, puede tener lágrimas en los ojos, pero a su mano no le está permitido temblar. Esta tragedia del gobernante, como les platicaba recién, es superior a las fuerzas de un viejo. Entre amigos tan leales, puedo declarar mi flaqueza, y les garanto que el corazón se me desgarraba al firmar los fusilamientos de Zamalpoa. ¡Tres noches he pasado en vela!

—¡Atiza![97]

Se descompuso la ringla[98] de gachupines. Los charolados[99] pies juanetudos[100] cambiaron de loseta.[101] Las manos, enguantadas y torponas,[102] se removieron indecisas, sin saber dónde posarse. En un tácito acuerdo, los gachupines jugaron con las brasileñas leontinas[103] de sus relojes. Acentuó la momia:

---

[92]**tendero**: comerciante que vende por menor.
[93]**zurda**: que usa la mano izquierda; equivocada, errónea.
[94]**garantar**: garantizar.
[95]**Cincinato**: patricio romano. Lo hallaron arando cuando fueron para avisarle que había sido elegido para gobernar.
[96]**fardel**: fardo, carga.
[97]**¡Atiza!**: exclamación de sorpresa.
[98]**ringla**: fila.
[99]**charolado**: lustroso.
[100]**juanetudo**: que tiene juanetes.
[101]**loseta**: losa pequeña.
[102]**torpono**: torpe.
[103]**leontina**: cadena de reloj.

—¡Tres días con sus noches en ayuno y en vela!

—¡Arrea!

Era el que tan castizo apostillada[104] un vinatero montañés, chaparro y negrote, con el pelo en erizo,[105] y el cuello de toro desbordante sobre la tirilla[106] de celuloide. La voz fachendosa[107] tenía la brutalidad intempestiva de una claque de teatro. Tirano Banderas sacó la petaca y ofreció a todos su picadura de Virginia.[108]

—Pues, como les platicaba, el corazón se destroza, y las responsabilidades de la gobernación llegan a constituir una carga demasiado pesada. Busquen al hombre que sostenga las finanzas, al hombre que encauce las fuerzas vitales del país. La República, sin duda, tiene personalidades que podrán regirla con más acierto que este viejo valetudinario.[109] Pónganse de acuerdo todos los elementos representativos, así nacionales como extranjeros. . . .

Hablaba meciendo la cabeza de pergamino. La mirada, un misterio tras las verdosas antiparras. Y la ringla de gachupines balanceaba un murmullo, señalando su aduladora disidencia. Cacareó Don Celestino:

—¡Los hombres providenciales no pueden ser reemplazados sino por hombres providenciales!

La fila aplaudió, removiéndose en las losetas, como ganado inquieto por la mosca. Tirano Banderas, con un gesto cuáquero, estrechó la mano del pomposo gachupín:

—Quédese, Don Celes, y echaremos un partido de ranita.

—¡Muy complacido!

Tirano Banderas, trasmudándose sobre su última palabra, hacía a los otros gachupines un saludo frío y parco:

—A ustedes, amigos, no quiero distraerles de sus ocupaciones. Me dejan mandado.

VI

Una mulata entrecana,[110] descalza, temblona de pechos, aportó con el refresco de limonada y chocolate, dilecto de frailes y corregidores,

---

[104]**apostillar:** comentar, anotar.

[105]**pelo en erizo:** pelo levantado y tieso, erizado.

[106]**tirilla:** *neckband.*

[107]**fachendoso:** vanidoso.

[108]**picadura de Virginia:** tabaco de Virginia.

[109]**valetudinario:** enfermizo, débil.

[110]**entrecano:** de cabello medio cano.

cuando el virreinato. Con tintín[111] de plata y cristales en las manos prietas,[112] miró la mucama[113] al patroncito, dudosa, interrogante. Niño Santos, con una mueca de calavera, le indicó la mesilla de campamento que, en el vano de un arco, abría sus compases de araña. La mulata obedeció haldeando. Sumisa, húmeda, lúbrica,[114] se encogía y deslizaba. Mojó los labios en la limonada Niño Santos:

—Consecutivamente, desde hace cincuenta años, tomo este refresco, y me prueba muy medicinal. . . . Se lo recomiendo, Don Celes.

Don Celes infló la botarga:[115]

—¡Cabal, es mi propio refresco! Tenemos los gustos parejos, y me siento orgulloso. ¡Cómo no!

Tirano Banderas, con gesto huraño, esquivó el humo de la adulación, las volutas enfáticas.[116] Manchados de verde los cantos de la boca, se recogía en su gesto soturno:

—Amigo Don Celes, las revoluciones, para acabarlas de raíz, precisan balas de plata.

Reforzó campanudo el gachupín:

—¡Balas que no llevan pólvora ni hacen estruendo!

La momia acogió con una mueca enigmática:

—Esas, amigo, que van calladas, son las mejores. En toda revolución hay siempre dos momentos críticos: El de las ejecuciones fulminantes, y el segundo momento, cuando convienen las balas de plata. Amigo Don Celes, recién esas balas, nos ganarían las mejores hazañas. Ahora la política es atraerse a los revolucionarios. Yo hago honor a mis enemigos, y no se me oculta que cuentan con muchos elementos simpatizantes en las vecinas Repúblicas. Entre los revolucionarios, hay científicos que pueden con sus luces laborar en provecho de la Patria. La inteligencia merece respeto. ¿No le parece, Don Celes?

Don Celes asentía con el grasiento arrebol de una sonrisa:

—En un todo de acuerdo. ¡Cómo no!

—¡Pues para esos científicos quiero yo las balas de plata! Hay entre ellos muy buenas cabezas que lucirían en cotejo con las eminencias del Extranjero. En Europa, esos hombres pueden hacer estudios que

---

[111]tintín: onomatopeya que representa sonido del cristal.
[112]prieto: oscuro, casi negro.
[113]mucama: sirvienta (en América).
[114]lúbrico: lujurioso.
[115]botarga: buche.
[116]volutas enfáticas: espirales ampulosas.

aquí nos orienten. Su puesto está en la diplomacia. . . . En los Congresos Científicos. . . . En las Comisiones que se crean para el Extranjero.

Ponderó el ricacho:[117]

—¡Eso es hacer política sabia!

Y susurró confidencial Generalito Banderas:

—Don Celes, para esa política preciso un gordo amunicionamiento de plata. ¿Qué dice el amigo? Séame leal, y que no salga de los dos ninguna cosa de lo hablado. Le tomo por consejero, reconociendo lo mucho que vale.

Don Celes soplábase los bigotes escarchados de brillantina[118] y aspiraba, deleite de sibarita,[119] las auras barberiles que derramaba en su ámbito. Resplandecía, como búdico vientre, el cebollón de su calva, y esfumaba su pensamiento un sueño de orientales mirajes:[120] La contrata[121] de vituallas[122] para el Ejército Libertador. Cortó el encanto Tirano Banderas.

—Mucho lo medita, y hace bien, que el asunto tiene toda la importancia.

Declamó el gachupín, con la mano sobre la botarga:

—Mi fortuna, muy escasa siempre, y estos tiempos harto quebrantada, en su corta medida está al servicio del Gobierno. Pobre es mi ayuda, pero ella representa el fruto del trabajo honrado en esta tierra generosa, a la cual amo como a una patria de elección.

Generalito Banderas interrumpió con el ademán impaciente de apartarse un tábano:[123]

—¿La Colonia Española no cubriría un empréstito?

—La Colonia ha sufrido mucho estos tiempos. Sin embargo, teniendo en cuenta sus vinculaciones con la República. . . .

El Generalito plegó la boca, reconcentrado en un pensamiento:

—¿La Colonia Española comprende hasta dónde peligran sus intereses con el ideario de la Revolución? Si lo comprende, trabájela usted

---

[117]**ricacho**: persona rica y vulgar.
[118]**escarchados de brillantina**: cubiertos de cosmético.
[119]**sibarita**: dícese de la persona muy dada al placer.
[120]**miraje**: (galicismo) espejismo.
[121]**contrata**: contrato, convenio.
[122]**vituallas**: víveres, comestibles.
[123]**tábano**: *horsefly*.

en el sentido indicado. El Gobierno sólo cuenta con ella para el triunfo del orden. El país está anarquizado por las malas propagandas.

Inflóse Don Celes:

—El indio dueño de la tierra es una utopía de universitarios.

—Conformes. Por eso le decía que a los científicos hay que darles puestos fuera del país, adonde su talento no sea perjudicial para la República. Don Celestino, es indispensable un amunicionamiento de plata, y usted queda comisionado para todo lo referente. Véase con el Secretario de Finanzas. No lo dilate. El Licenciadito tiene estudiado el asunto y le pondrá al corriente: Discutan las garantías y resuelvan violento, pues es de la mayor urgencia balear con plata a los revolucionarios. ¡El extranjero acoge las calumnias que propalan[124] las Agencias! Hemos protestado por la vía diplomática para que sea coaccionada[125] la campaña de difamación, pero no basta. Amigo Don Celes, a su bien tajada péñola[126] le corresponde redactar un documento que, con las firmas de los españoles preeminentes, sirva para ilustrar al Gobierno de la Madre Patria. La Colonia debe señalar una orientación, hacerles saber a los estadistas distraídos que el ideario revolucionario es el peligro amarillo en América. La Revolución representa la ruina de los estancieros[127] españoles. Que lo sepan allá, que se capaciten. ¡Es muy grave el momento, Don Celestino! Por rumores que me llegaron, tengo noticia de cierta actuación que proyecta el Cuerpo Diplomático. Los rumores son de una protesta por las ejecuciones de Zamalpoa. ¿Sabe usted si esa protesta piensa subscribirla el Ministro de España?

Al rico gachupín se le enrojeció la calva:

—¡Sería una bofetada a la Colonia!

—¿Y el Ministro de España, considera usted que sea sujeto para esas bofetadas?

—Es hombre apático.... Hace lo que le cuesta menos trabajo. Hombre poco claro.

—¿No hace negocios?

—Hace deudas, que no paga. ¿Quiere usted mayor negocio? Mira como un destierro su radicación en la República.

---

[124]**propalar**: divulgar.

[125]**coaccionado**: forzado, presionado.

[126]**péñola**: pluma de ave usada para escribir.

[127]**estanciero**: hacendado, ranchero, dueño de una estancia.

—Qué se teme usted ¿una pedejada?[128]

—Me la temo.

—Pues hay que evitarla.

El gachupín simuló una inspiración repentina, con palmada en la frente panzona:[129]

—La Colonia puede actuar sobre el Ministro.

Don Santos rasgó con una sonrisa su verde máscara indiana:

—Eso se llama meter el tejo por la boca de la ranita. Conviene actuar violento. Los españoles aquí radicados tienen intereses contrarios a las utopías de la Diplomacia. Todas esas lucubraciones del protocolo suponen un desconocimiento de las realidades americanas. La Humanidad, para la política de estos países, es una entelequia[130] con tres cabezas: el criollo, el indio y el negro. Tres Humanidades. Otra política para estos climas es pura macana.[131]

El gachupín, barroco y pomposo, le tendió la mano:

—¡Mi admiración crece escuchándole!

—No se dilate, Don Celes. Quiere decirse que se remite para mañana la invitación que le hice. ¿A usted no le complace el juego de la ranita? Es mi medicina para esparcir el ánimo, mi juego desde chamaco, y lo practico todas las tardes. Muy saludable, no arruina como otros juegos.

El ricacho se arrebolaba:

—¡Asombroso cómo somos de gustos parejos!

—Don Celes, hasta lueguito.

Interrogó el gachupín:

—¿Lueguito será mañana?

Movió la cabeza Don Santos:

—Si antes puede ser, antes. Yo no duermo.

Encomió[132] Don Celes:

—¡Profesor de energía, como dicen en nuestro diario!

---

[128]**pendejada**: necedad.
[129]**panzona**: panzuda, barrigona.
[130]**entelequia**: una entidad fantástica.
[131]**pura macana**: embuste, engaño.
[132]**encomiar**: alabar, elogiar.

El Tirano le despidió, ceremonioso, desbaratada la voz en una cucaña[133] de gallos.

VII

Tirano Banderas, sumido en el hueco de la ventana, tenía siempre el prestigio de un pájaro nocharniego.[134] Desde aquella altura atisbaba la campa donde seguían maniobrando algunos pelotones de indios, armados con fusiles antiguos. La ciudad se encendía de reflejos sobre la marina esmeralda. La brisa era fragante, plena de azahares y tamarindos.[135] En el cielo, remoto y desierto, subían globos de verbena, con cauda[136] de luces. Santa Fe celebraba sus ferias otoñales, tradición que venía del tiempo de los virreyes españoles. Por la conga[137] del convento, saltarín y liviano, con morisquetas de lechuguino,[138] rodaba el quitrí[139] de Don Celes. La ciudad, pueril, ajedrezada[140] de blancas y rosadas azoteas,[141] tenía una luminosa palpitación, acastillada en la curva del Puerto. La marina era llena de cabrilleos, y en la desolación azul, toda azul, de la tarde, encendían su roja llamarada las cornetas de los cuarteles. El quitrí del gachupín saltaba como una araña negra, en el final solanero de Cuesta Mostenses.

VIII

Tirano Banderas, agaritado en la ventana, inmóvil y distante, acrecentaba su prestigio de pájaro sagrado. Cuesta Mostenses flotaba en la luminosidad del marino poniente, y un ciego cribado de viruelas rasgaba el guitarrillo[142] al pie de los nopales, que proyectaban sus brazos

---

[133]**cucaña**: cacareo.

[134]**nocharniego**: nocturno, noctámbulo.

[135]**tamarindo**: *tamarind tree*.

[136]**cauda**: cola de la capa consistorial.

[137]**conga**: vereda; burdel.

[138]**morisquetas de lechuguino**: tretas o modales del joven que se compone mucho.

[139]**quitrí**: (o quitrín) carruaje abierto de dos ruedas.

[140]**ajedrezado**: *checkered*.

[141]**azoteas**: plataformas en los tejados de las casas.

[142]**guitarrillo**: guitarra pequeña que sólo tiene cuatro cuerdas.

como candelabros de Jerusalén. La voz del ciego desgarraba el calino[143] silencio:

—Era Diego Pedernales
de noble generación,
pero las obligaciones
de su sangre no siguió.

---

[143]**calino**: caliente.

Baza de espadas, junto con *Corte de los milagros* y *Viva mi dueño,* forma parte de *El ruedo ibérico* y fue publicada póstumamente en 1958. Del Río las llama "una reconstrucción terriblemente satírica de la España de Isabel II", y nota que revelan "una amarga visión satírica de la realidad española por la que Valle-Inclán retorna al final de su obra". La novela es cinematográfica y el idioma logra una expresividad asombrosa. Del último capítulo, "Albures gaditanos", está tomada la selección que sigue.

Baza de Espadas

ALBURES GADITANOS[1]

I

El día 9 de agosto de 1868 estuvo señalado en los almanaques revolucionarios como el día fausto para que rompiese sus cadenas el invicto León Hispánico.

II

Por toda la redondez del Ruedo Nacional circulaban los papeles escritos con tinta simpática, que son el obligado acompañamiento de todas las jácaras revolucionarias. Corrióse la consigna a los militares comprometidos, para que se pusiesen bajo las órdenes del Brigadier Topete: Se despacharon agentes con avisos a todos los Comités revolucionarios de Málaga, Granada, Córdoba y Sevilla: Salieron dobles emisarios para Londres —Alcalá Zamora, de Cádiz, y Pérez de la Riva, de Lisboa—. Comunicáronse órdenes a las tropas comprometidas

---

[1]**Albures Gaditanos**: *the contingencies or happenings at Cadiz.*

en Ceuta, San Fernando y Campo de Gibraltar: Renováronse las ofertas
a sargentos y generales: Procuróse asegurar al indeciso Segundo Cabo
de Sevilla, Mariscal de Campo Don Rafael Izquierdo. Los Brigadieres
Peralta y Laserna fueron requeridos para ponerse al frente de los jura-
mentados batallones de Cantabria. Patriotas de pelo en pecho,[2] con-
trabandistas y ternes de almadraba,[3] matantes de burdel[4] y de colmado,
jaques[5] de playa y cumplidos de la trena,[6] tomaban sobre su conciencia
mantener el orden dando mulé[7] a las señoras autoridades. Apóstoles
de la España con Jonra, encarecían el vino en las tabernas, jurando
amenazas al Trono de la Isabelona.

III

La conjura orleanista ya no excusaba los pactos con la roja demo-
cracia. Mudaba el rumbo de las sesudas veletas[8] unionistas al soplo
elocuente del Señor López de Ayala.

—No es una inconsecuencia política el pacto que ahora propugno
con los elementos democráticos, no es una veleidad[9] engendrada por
la impaciencia, sino madura reflexión y depurado juicio de los actuales
advenimientos y de las fuerzas que con nosotros simpatizan, en el
primordial deber de dignificar a la Patria. El Duque de Montpensier
es el primero en condenar los extremos demagógicos y temer su conta-
gio, pero a la par reconoce la nobleza de los impulsos populares, el
brío generoso de sus entusiasmos. Yo quiero desechar el temor de que
en ningún momento podamos ser prisioneros de las turbas. Cualquier
desmán[10] del populacho sería fácilmente reprimido si contamos con
los cuarteles, y si el movimiento lo secunda la Escuadra. Los momentos
son únicos, decisivos, apremiantes: Urge dar cima a nuestros ideales.
Cádiz, la cuna de las patrias libertades, se manifestaría unánime en
pro de nuestro generoso intento. Mayor recelo que la demagogia

---

[2]**pelo en pecho**: *brave.*
[3]**ternes de almadraba**: *strong fishermen.*
[4]**matantes de burdel**: matones que frecuentaban casas de prostitución.
[5]**jaque**: valentón.
[6]**trena**: cárcel.
[7]**dar mulé**: matar, asesinar.
[8]**veleta**: inconstante.
[9]**veleidad**: capricho, antojo.
[10]**desmán**: *misbehavior, disaster.*

gaditana, mayores dudas y suspicacias, me inspira el soldado de fortuna, el condotiero[11] ambicioso de lucros y mandos, el eterno conspirador hoy acogido a las playas inglesas. ¿Habéis pensado si no es un azar venturoso su destierro? Francamente, señores, y dicho en el seno de la amistad, hagamos la revolución sin ese hombre funesto, aun cuando para el logro de nuestros propósitos, y en la necesidad de buscar alianzas, sea preciso pactar con las democracias republicanas.

A media voz puso su comentario socarrón un carcamal[12] renegado cacique del moderantismo:

—A ésas, si desentonan,[13] podemos fusilarlas.

El Brigadier Topete, asesorado por el círculo de sesudas veletas, comprometía medias palabras, para una inteligencia entre las fuerzas de Mar y Tierra. Miraba el barómetro, y salía a observar el celaje al verde mirador de la Capitanía del Puerto.

IV

El Mariscal de Campo Don Rafael Izquierdo, Segundo Cabo de la Capitanía General de Sevilla, rencoroso, según se dijo, por augustos desdenes, también cabildeaba[14] con los cortesanos de San Telmo. Memorable fue su respuesta a un mensajero del Serenísimo Infante:

—¡Ni quito ni pongo Rey!... Pero mi espada servirá siempre a la Patria.

El Mariscal de Campo Don Rafael Izquierdo era un cuarentón[15] teñido y arrogante: Magnífica calva, bigotes y perillonas[16] de química buhonera.[17] Instó el mensajero de San Telmo:

—¿Puede contarse con la guarnición de Sevilla?

El Segundo Cabo galleó un capote de sargento torero:

—Juzgo indispensable la presencia de los generales Duque de la Torre y Marqués de Castell-Florit. Si esos invictos patriotas montan a caballo, a caballo y en el puesto de más peligro me encontrarán con

---

[11]**condotiero**: soldado mercenario.
[12]**carcamal**: persona decrépita y achacosa.
[13]**desentonar**: alterarse, faltar al respeto.
[14]**cabildear**: gestionar con maña.
[15]**cuarentón**: persona de más de cuarenta años.
[16]**perillonas**: porción de pelo que se deja crecer en la punta de la barba.
[17]**buhonera**: que vende baratijas.

el acero desnudo . . . Pero para el significado de la revolución, es antes indispensable haberlos traído a la plaza de Cádiz. El pronunciamiento[18] sin ellos será otro fracaso.

Encareció el mensajero:

—Los ilustres desterrados vendrían inmediatamente.

Fruncimiento de cejas y amistoso dictamen del Segundo Cabo:

—Aplacen ustedes el pronunciamiento hasta tener a la vista el vapor que los traiga.

—Sublevada la Escuadra, iría por ellos un buque de guerra.

—Les ganaría la vez[19] el General Prim. Aseguren ustedes que nuestros amigos sean los primeros. Por mi parte, mantengo el compromiso que contraje con los ilustres desterrados de Tenerife. La revolución, en tanto sintetice un movimiento nacional, contará siempre con mi espada. En esa misma actitud he considerado siempre al Brigadier Topete. ¡No sospechaba tal cambio de sentimientos en la Marina! . . . Y hasta no verlo confirmado . . . Los revolucionarios son ustedes grandes soñadores . . . ¿Está terminantemente decidido el pronunciamiento de la Escuadra?

—¡Terminantemente!

—¿La Marina simpatizaba con los Duques?

—¡Y simpatiza!

—Pues no entiendo la actitud de Topete. Pretende batir el chinchín[20] de los barcos para que haga un paseo a caballo el Conde de Reus: El mayor enemigo de la candidatura de Montpensier: ¡Topete se ha vuelto loco y con él todos ustedes! Los Generales unionistas deben venir inmediatamente a España.

—Habla usted a un convencido.

—Pues ¡a traerlos! . . . Y a esperar que lleguen . . . Que vuelva de su acuerdo el Brigadier Topete.

—¡Está muy comprometido!

—No importa.

—Temo que sea tarde.

—No lo tema usted.

—¿Quién mandaría las fuerzas de guarnición?

---

[18]**pronunciamiento**: golpe de estado militar; acto de pronunciar la sentencia.
[19]**Les ganaría la vez**: les ganaría el turno, tiempo.
[20]**chinchín**: *light rain.*

—Primo de Rivera.

—Yo convenceré a Primo. ¿Está en Jerez?

—En Puerto Real.

—Le llamaré para ponernos de acuerdo. Convenza usted al Brigadier Topete. ¿Quiere usted una breva?[21]

Encendieron habanos[22] y se los fumaron, entre calendarios políticos, ahumando el retrato de la Augusta Soberana. Ante aquellas suculentas mantecas, el cuento del rijoso[23] despecho tomaba pábulo:[24] Con una absurda evidencia, se comprendía la amorosa pasión del Segundo Cabo de Sevilla. La de los Tristes Destinos fue por muchos años Ninfa de los Cuarteles.

V

El Coronel Fajarnés era otro de los militares comprometidos: Estaba de cuartel en Córdoba, recién llegado de la Jauja Filipina.[25] Al apremio de los revoltosos gaditanos mostraba sus remos de mílite[26] glorioso, con unturas para el reúma. El Gran Pompeyo, mensajero de los revolucionarios gaditanos, le halló inválido en una mecedora filipina, soportando los insultos de la cotorra,[27] aburrido de mirar a la calle por la reja. Con barba de seis días, pantalones de uniforme desechados para el uso casero y un jaique[28] a listas por los hombros, mataba las horas haciendo pitillos[29] en maquinilla, compitiéndole a la Gloriosa Paca de Triana. Se ladeaba el gorro:

—¡Y que eso me coja baldado!

Táctico ilustre, situó la frase, apoyándola por ambos flancos, con guerrillas de puños y ajos. Recién daba de polvos, salió la Coronela:

—¡Pompeyo! Pero ¿usted aún existe? ¿De dónde sale usted, tarambana?[30]

---

[21]**breva**: puro o tabaco elaborado para masticarlo.

[22]**habano**: cigarro puro.

[23]**rijoso**: inquieto; dispuesto a reñir.

[24]**pábulo**: lo que sustenta una cosa inmaterial; fomento, motivo.

[25]**Jauja Filipina**: tierra maravillosa de Filipinas.

[26]**mílite**: soldado.

[27]**cotorra**: *parakeet; chatterbox.*

[28]**jaique**: capa y capucha árabes.

[29]**pitillo**: cigarrillo.

[30]**tarambana**: persona alocada.

—De Cádiz.

—¿Qué se trae usted con mi maridito? ¡No me lo soliviante![31] ¡Me parecía que ya nunca más iba a tenerle conmigo! Nos vamos a los baños de Fuente Mayor.

El reumático mílite la miró con humorismo de Juan Lanas:[32]

—Pero ¿quién me los ha recetado?

—¡Yo! Has venido de este viaje muy pocho.[33]

—¿Tú qué sabes?

—¡Pues lo sabrá la mujer del vecino! ¡Qué ilusiones! ¡Tú no haces revolución por ahora!

—¡Desgraciadamente!

—No te aflijas, que has de tener tiempo para echar fuera el reumatismo de este año y del que viene. ¿Qué se traen ustedes, Pompeyo? Ya sabe usted que sé guardar un secreto . . . A Paco se lo he contado. ¿Qué ha sido de Vallín?

—En Sevilla lo tiene usted conspirando.

—¡Ése acaba mal!

—Ya se lo ha dicho otra gitana.

—¿Otra?

—Con menos gracia.

—Una servidora no es cañí,[34] Pompeyo. Fajarnés fue a buscarme a los cafetales[35] de Matanzas.

—Y se trajo toda la gracia cubana.

—¡Paco, tienes la palabra!

Leopoldina, dándose vaivén en la mecedora, cruzaba las piernas con sandunga[36] de Coronela. El mílite reumático, entre broma y quejumbre, arrugaba la cara:

—¡Me traje dos cotorras!

Saltó ocurrente la media naranja:[37]

---

[31]**soliviantar**: inducir a adoptar una actitud rebelde, hostil.

[32]**Juan Lanas**: hombre apocado que se presta con facilidad a todo cuanto se quiere hacer de él.

[33]**pocho**: torpe, deslucido.

[34]**cañí**: gitana.

[35]**cafetal**: lugar poblado de cafetos, árbol del café.

[36]**sandunga**: gracia, donaire, salero.

[37]**la media naranja**: la mujer.

—Dos cotorras para un papagayo.

El Coronel Fajarnés, rióse con amorosa condescendencia.

—¡No se puede con las mujeres!

—¡Don Paco, no todos los hombres tienen su suerte!

—Pues no lo agradece, Pompeyo. Pero usted, ¿qué lío gordo se trae?

—¡Salvar a España!

—¡Sueñan ustedes los patriotas!

—De los sueños salen todas las cosas grandes.

—¡Si no logran ustedes ponerse de acuerdo!...

El Coronel respondió a la Coronela:

—Leopoldina, ésas son tus opiniones.

—¡Porque estoy muy bien enterada!

—¡No lo estás! El acuerdo existe. Pompeyo me lo ha transmitido.

—Pero ¿va de veras, Pompeyo?

—¡Y tanto!

—¡Paco, tú no te muevas!

—¡Desgraciadamente, no puedo!

—¿Qué te va a ti en eso?

—Servir a la patria.

Leopoldina se mordió los labios, mirando las muletas, en un súbito pensar que sin aquel achaque del marido podía verse Generala: La revolución prometía dos grados:

—Pompeyo, ¿para cuándo?

—Muy pronto.

—Paco tomaría nueve baños.

El Coronel renovó el aguasonado berrinche:[38]

—Pero ¿quién me los receta?

—Con nueve tienes bastante. Fuente Mayor hace milagros.

Esclareció Pompeyo:

—Maravillosas curas terapéuticas.

—Te pones bueno, y como no te importan mis disgustos, haces un disparate.

Pompeyo le alargó la mano:

—¡Coronel, a ponerse bueno!

Cantaban las niñas en el sotabanco:

---

[38]**aguasonado berrinche**: disputa burlona.

Boga, boga,
batelera,
que me altera
tu manera
de remar.

VI

También al Brigadier Las Heras llegó el apremio de la Junta Revolucionaria de Cádiz. El glorioso mílite, aun cuando gozaba de buena salud, tenía sobre el corazón la enfermedad de un pariente sacramentado en Dos Hermanas: Sus lazos de sangre no eran muy estrechos, pero compañeros desde la escuela, jamás se perdonaría no despedirle en la hora de vámonos: Sánchez Mira, Capitán retirado, llevó a las playas gaditanas el alegato del compungido Marte: La Estrella, preclara[39] logia masónica, toda se hizo cruces:[40]

—Pero ¿esa disculpa ha dado?

—¡Qué amante de la familia!

—¡Será que herede!

—¡Y ésos son los patriotas!

—¡Por verle hacer la mueca a un pariente lejano, nos pinta a la pared!

—¡Habrá que no olvidarlo!

—Lo comprendería si se tratase de su madre.

—¡La Patria siempre es primero!

—¡También es madre!

—¡Ya sólo falta que a última hora se le arruguen al General Primo de Rivera!

—Pues me lo estoy temiendo. Estos revolucionarios de la víspera son poco de fiar.

—¿Qué noticias de Londres?

—Don Juan toma las aguas de Vichy. Alcalá Zamora ha telegrafiado que sale para Francia . . . Mañana probablemente se verá con el General en Vichy.

—¿Decidirá pasar la frontera?

---

[39]**preclaro**: ilustre, famoso.
[40]**hacerse cruces**: demostrar admiración, extrañeza.

—¡Es hombre para eso y para mucho más!

—De hacer una hombrada,[41] entraría por el Pirineo. La revolución cuenta con las guarniciones de La Seo, Zaragoza y Barbastro.

—Barcelona y Madrid secundarían el movimiento.

—El General Prim nos dará otro desengaño. Tengo muy presentes las acusaciones de García Ruiz.

—¡Un amargado!

—La revolución española sólo puede ser republicana, y en ese sentido debemos orientar a los patriotas de Cádiz. La ocasión es nuestra si sabemos aprovechar la ausencia de los espadones. Izquierdo, Peralta, La Serna nos dan el triunfo quedándose en casa.

—Nos lo disputará la Escuadra.

—Ni aun admitiendo que bombardease la plaza. España entera secundará el grito de Cádiz.

—A Madrid no llegan los tiros de la fragata *Zaragoza*.

—La defección de los militares comprometidos favorece nuestros planes. ¿Hablará usted en nuestra tenida?[42]

—Hablaré si es necesario.

Repicaba la campanilla del Hermano Epaminondas, Gran Oriente de la Estrella de Gades: Decorado con faja, placa y mandil,[43] aparecía tras de la mesa, puesta sobre un cadalso de tres escalones, y vestida de rojos andularios[44] con los símbolos de la escuadra y el compás.

VII

El General Prim, que no juzgaba tan vecino el pronunciamiento, atendía su achaque hepático[45] en las aguas de Vichy. Mal avenidos y en perenne disputa, se le presentaron una mañana el Gran Pompeyo y Alcalá Zamora —llegaban mohinos[46] y chasqueados[47] de Londres—. A Don Juan se le nubló la cara, oyendo las nuevas que traían de Cádiz: Tuvo una ráfaga de alarmado recelo:

---

[41]**hombrada**: acción propia de un hombre.
[42]**tenida**: sesión, reunión en especial masónica.
[43]**faja . . . mandil**: insignias de los masones.
[44]**andulario**: toga.
[45]**achaque hepático**: mal del hígado.
[46]**mohino**: triste, disgustado.
[47]**chasqueado**: frustrado.

—¿Han sido advertidos los desterrados de Canarias?

Susurró malicioso el clérigo sin licencias:

—No hubo tiempo. . . .

Saltó el Gran Pompeyo:

—Los patriotas preferíamos que fuese usted el primero . . .

Confirmó Alcalá Zamora, díscolo[48] y contradictorio:

—Lo hubiera sido de hallarse en Londres.

Llega el Capitán Hidalgo, condenado a muerte por pasadas trifulcas,[49] y ofrece un telegrama a Don Juan:

—Pleito para sentencia. Es la clave convenida con Paúl.

El General permaneció encapotado:[50]

—¡No me es posible volar a Cádiz!

Aventuró con fogosa injerencia el Gran Pompeyo:

—¡Mi General, si usted monta a caballo, y da el grito en la frontera, se levanta toda España!

El Conde de Reus le amonestó con desdeñosa autoridad:

—Jamás arriesgaré el triunfo de nuestros ideales en una aventura romántica. No puedo exponerme a ser fusilado en la frontera. Regreso a Londres hoy mismo, y allí embarcaré si se sostiene la plaza de Cádiz. Mis amigos comprenderán que es un descabello[51] intentar el paso de la frontera. No me preocupa el riesgo de morir fusilado, sino deberle la vida a un rasgo de la Reina. Por mi prestigio y la grandeza de nuestros ideales, no puedo echarme al monte con cuatro gatos, exponiéndome a ser deshecho por la primera partida que me salga al camino. A nuestros correligionarios es preciso hacerles comprender que no me abandona el valor que he desplegado en toda mi vida militar, ni la fe en nuestros ideales de que tantas muestras he dado en mi larga carrera política, ni el arrojo revolucionario que tuve en Valencia y Pamplona, en Aranjuez y Villarejo. Háganselo ustedes comprender a los amigos, y asegúrenles que, llegado el momento, no vacilaré en hacer por la libertad lo que hice por la Patria en Castillejos.

El General y Ruiz Zorrilla —Don Ruiz—, que lo acompañaba en la cura de aguas, salieron aquella misma noche para Londres. En Calais les amaneció el sol del 9 de agosto.

---

[48]**díscolo**: indócil.

[49]**trifulcas**: desorden y camorra entre varias personas.

[50]**encapotado**: sin descubrirse.

[51]**descabello**: *foolhardy*.

Bibliografía

ALONSO, AMADO. "Estructura de las *Sonatas* de Valle-Inclán", *Verbum* (Buenos Aires), XXI (1928), 7–42.

——. "La musicalidad en la prosa de Valle-Inclán", *Materia y forma en poesía*. Madrid: Gredos, 1955.

AMOR Y VÁSQUEZ, J. "Los galaicismos en la estética valleinclanesca", *Revista Hispánica Moderna*, XXIV (enero 1958).

ASTRANA MARÍN, LUIS. "Valle-Inclán, Perfiles de autores", *Gente, gentecilla y gentuza*. Madrid: Reus, 1931.

AZAÑA, MANUEL. "El secreto de Valle-Inclán", *La invencion del "Quijote" y otros ensayos*. Madrid: Espasa-Calpe, 1934.

Bajarlía, Juan Jacobo. *El vanguardismo poético en América y España.* Buenos Aires: Editorial Perrot, 1957.

Balseiro, José Agustín. *Blasco Ibáñez, Unamuno, Valle-Inclán y Baroja, cuatro individualistas de España.* Chapel Hill: University of North Carolina Press, 1949.

Barja, César. "Algunas novelas españolas recientes", *Bulletin of Spanish Studies* (Liverpool), V, No. 18 (1928), 67-70.

―――. *Libros y autores contemporáneos.* New York: Las Américas Publishing Company, 1964.

Baroja, Ricardo. *Gente del 98,* 1ª ed. Barcelona: Editorial Juventud, 1952.

―――. "Valle-Inclán en el café", *La Pluma* (Madrid), IV, No. 32 (enero 1923), 46-59.

Blanco-Fombona, Rufino. "En torno a *Tirano Banderas*", *La Gaceta Literaria* (Madrid), (15 de enero 1927).

Brooks, J. L. "Valle-Inclán and the Esperpento", *Bulletin of Hispanic Studies* (Liverpool), XXXIII, No. 3 (1956), 152-64.

Caballero, C. *Valle-Inclán: Épocas en su producción literaria.* México: Biblioteca Mexicana, 1946.

Calhoun, C. K. "Ramón del Valle-Inclán," *The Bookman* (London), LXXXII (1932), 196 y sigs.

Díaz Plaja, Guillermo. *Historia general de las literaturas hispánicas,* IV (Siglos XVIII y XIX). Barcelona: Barna, 1957.

―――. *Las estéticas de Valle-Inclán.* Madrid: Editorial Gredos, 1965.

―――. *Modernismo frente a noventa y ocho.* Madrid: Espasa-Calpe, 1951.

Diego, Gerardo. *Poesía española: Antología 1915-1931.* Madrid: Signo, 1932.

―――. "Ramón del Valle-Inclán: vida y obra", *Revista Hispánica Moderna* (New York), II, No. 4, (1936).

―――. "Valle-Inclán, la anécdota y la fantasía", *El Heraldo* (México), (15 de abril 1923).

―――. *Vida y literatura de Valle-Inclán.* Madrid: Nacional, 1943.

Fichter, William Leopold. "Primicias estilísticas de Valle-Inclán", *Revista Hispánica Moderna* (New York), VIII, No. 4 (1942), 289-98.

―――, ed. *Publicaciones periodísticas de don Ramón del Valle-Inclán,* 1ª ed. México: El Colegio de México, 1952.

García Mercadel, J. "Bibliografía de Valle-Inclán", *El Sol* (Madrid) (7 de enero 1936).

GÓMEZ DE LA SERNA, RAMÓN. *Don Ramón María del Valle-Inclán*, 2ª ed. Buenos Aires-México: Espasa-Calpe argentina, 1948.

―――. "Don Ramón del Valle-Inclán", *Retratos contemporáneos*, 2ª ed. Buenos Aires: Sudamericana, 1944.

―――. *Ismos*, 2ª ed. Buenos Aires: Poseidón, 1947.

GULLÓN, RICARDO. "Técnicas de Valle-Inclán", *Papeles de Son Armadans* 43, No. 127 (octubre 1966), 21–86.

LADO, MARÍA DOLORES. *Las guerras carlistas y el reinado isabelino en la obra de Ramón del Valle-Inclán.* Gainesville: University of Florida Press, 1966.

LAÍN ENTRALGO, PEDRO. *La generación del noventa y ocho*, 4ª ed. Buenos Aires-México: Espasa-Calpe argentina, 1959.

MADARIAGA, SALVADOR DE. "Don Ramón María del Valle-Inclán", *Semblanzas literarias contemporáneas.* Barcelona: Cervantes, 1924.

MADRID, FRANCISCO. *La vida altiva de Valle-Inclán.* Buenos Aires: Poseidón, 1943.

MARTÍNEZ RUIZ, JOSÉ ("AZORÍN"). "Prólogo de Azorín", *Obras completas de don Ramón del Valle-Inclán*, 1. Madrid: Rivadeneyra, 1944.

MEREGALLI, FRANCO. *Studi su Ramón del Valle-Inclán.* Venezia: Librería universitaria, 1958 (Studi Ispanistici, I).

ORTEGA Y GASSET, JOSÉ. "Sonata de estío", *Obras completas.* Madrid: Revista de Occidente, 1957.

OWEN, ARTHUR LESLIE. "Sobre el arte de don Ramón del Valle-Inclán", *Hispania* (Stanford, Calif.), VI (1932), 69–80.

RISCO, ANTONIO. *La estética de Valle-Inclán en los esperpentos y en "el Ruedo Ibérico".* Madrid: Editorial Gredos, 1967.

RUBIA BARCIA, JOSÉ. *A Bibliography and Iconography of Valle-Inclán, 1866–1936.* Berkeley: University of California Press, 1960.

―――. "Valle-Inclán y la literatura gallega." *Revista Hispánica Moderna* (1955), 93–126, 204–315.

RUIZ DE GALARRETA, JUAN. *Ensayo sobre el humorismo en las sonatas de Ramón del Valle-Inclán.* La Plata: Municipalidad de La Plata, 1962.

SALINAS, PEDRO. "Significación del esperpento, o Valle-Inclán, hijo pródigo del 98", *Cuadernos Americanos* (México), Año VI, Vol. XXII, No. 2 (1947), 218–44.

SAZ SANCHEZ, AGUSTÍN DEL. *El teatro de Valle-Inclán.* Barcelona: Gráfica, 1950.

SENDER, RAMÓN JOSÉ. *Unamuno, Valle-Inclán, Baroja y Santayana:*

ensayos críticos. México: Ediciones de Andrea, 1955 (Colección Studium 10).

———. *Valle-Inclán y la dificultad de la tragedia*. Madrid: Editorial Gredos, 1965.

SPERATTI PIÑERA, EMMA SUSANA. *Le elaboración artística en "Tirano Banderas"*, 7ª ed. México: El colegio de México, 1957.

TORRENTE BALLESTER, GONZALO. *Panorama de la literatura española contemporánea*. Madrid: Ediciones Guadarrama, 1956.

———. *Teatro español contemporáneo*. Madrid: Ediciones Guadarrama, 1957.

TORRES-RÍOSECO, ARTURO. *Vida y poesía de Rubén Darío*. Buenos Aires: Emecé, 1944.

VALBUENA PRAT, ÁNGEL. *Historia de la literatura española*, 7ª ed. 4 vols. Barcelona: Gustavo Gili, 1964–65.

VALLE-INCLÁN, RAMÓN DEL. *Autobiography, Aesthetics, Aphorisms*, ed. and trans. Robert Lima. 1966 (limited centennial edition, copy no. 86 of 150 copies).

———. *Obras completas*, 2ª ed. 2 vols. Madrid: Plenitud, 1952.

ZAHAREAS, ANTHONY. *Ramón del Valle-Inclán: An Appraisal of His Life and Works*. New York: Las Américas Publishing Co., 1969.

ZAMORA VICENTE, ALONSO. "El modernismo en la *Sonata de primavera*", *Boletín de la Real Academia Española* (Madrid), XXVI, No. 120 (1947), 27–62.

———. *Las "Sonatas" de Ramón del Valle-Inclán*. Madrid: Editorial Gredos, 1955.

———. *Las "Sonatas" de Ramón del Valle-Inclán: contribución al estudio de la prosa modernista*. Buenos Aires, 1951 (Colección de estudios estilísticos, t. 4).